La Science
et la Philosophie

711-03. — Coulommiers. Imp. PAUL BRODARD. — 9-03.

CHARLES BOURDEL

Ancien élève de l'École normale supérieure
Professeur de Philosophie au Collège Rollin.

La Science
et la Philosophie

LA CONNAISSANCE SCIENTIFIQUE — CLASSIFICATION
DES SCIENCES — LA PHILOSOPHIE DES SCIENCES : LES
GRANDES HYPOTHÈSES SCIENTIFIQUES — CRITIQUE
DU SAVOIR SCIENTIFIQUE AU POINT DE VUE
THÉORIQUE — CRITIQUE DU SAVOIR SCIENTIFIQUE
AU POINT DE VUE PRATIQUE

Librairie Armand Colin
Paris, 5, rue de Mézières
1903

LA SCIENCE

ET LA PHILOSOPHIE

I

La science. — La connaissance scientifique.

Le XIXᵉ siècle a été par excellence le siècle des
sciences : il a porté en effet au delà de toute prévision les sciences déjà existantes, et il en a
fondé de nouvelles, dont l'idée même il y a moins
de cent ans aurait semblé paradoxale; mais il a
été plus encore : il a été le siècle de la science.
Ce qui est plus remarquable en effet que tous les
résultats, pourtant immenses, de la recherche
scientifique, dans ce siècle, c'est ce fait que
l'esprit humain paraît avoir désormais pris défi-
nitivement conscience du véritable objet de cette
recherche, de ses principes, de sa méthode et
aussi de ses limites. En d'autres termes, la science

n'existe plus seulement comme un ensemble de
vérités plus ou moins bien reliées les unes aux
autres, mais comme un mode de savoir défini
dont l'unité se retrouve à travers les recherches
en apparence les plus divergentes, et leur donne
à toutes, sous les dehors de la plus grande diversité, une physionomie commune par où se révèle
leur parenté fondamentale. Or c'est une loi que
le premier acte d'un être qui arrive à se connaître
lui-même est, non seulement de se distinguer des
autres êtres, mais encore de s'opposer à eux, et
même de se poser lui-même comme le seul être
vraiment réel, tantôt en rapportant à lui les
autres existences et en les absorbant, tantôt en
les niant purement et simplement. La science n'a
pas échappé à cette loi. Du jour où elle a pris
conscience d'elle-même, où elle s'est conçue elle-
même comme un mode de savoir défini et distinct,
elle a voulu tout d'abord être prédominante et se
subordonner toutes les autres disciplines, puis
elle a prétendu avoir seule le droit de vivre, et a
voulu exclure des préoccupations de l'esprit
humain tout autre problème que le problème
scientifique. De là le conflit qui s'est élevé de nos
jours entre la science et la philosophie, de là la
prétention élevée au nom de la science de nier

la philosophie soit en l'absorbant, soit en supprimant son objet propre et son problème.

Le conflit est grave, et intéresse non seulement la théorie, c'est-à-dire l'explication des choses que la philosophie et la science tentent par des voies diverses, mais encore la pratique, c'est-à-dire en somme la conduite. Faut-il nous en remettre entièrement à la science du soin de notre direction, au risque de méconnaître les suggestions de la conscience, ou bien faut-il en matière de morale faire passer avant les conseils plus ou moins fondés de la science les ordres impérieux de notre raison intérieure? D'autre part, maintenant, la science satisfait-elle pleinement notre besoin de connaître, et suffit-elle à mettre dans les choses l'unité impérieusement réclamée par l'esprit? Il n'y a pas à l'heure qu'il est de problème qui domine celui-là, et toutes les questions dans l'ordre spéculatif, aussi bien que dans l'ordre pratique, moral, social et politique, s'y rattachent.

Or, pour se prononcer dans un si grave conflit il faut essayer de déterminer avec précision l'objet propre de la science, sa méthode, ses résultats; alors seulement nous serons en état de décider si la science épuise toutes les questions, satisfait à tous les besoins de la pensée, ou bien si,

au delà ou à côté de son domaine, un autre
problème ne sollicite pas impérieusement notre
curiosité, si certaines aspirations légitimes ne
subsistent pas, qui ne peuvent trouver leur satisfaction que dans un mode de savoir, sinon supérieur, du moins différent.

Qu'est-ce donc que la science? quels en sont
l'esprit et la méthode? par quoi est-elle caractérisée comme mode propre d'explication? jusqu'où
s'étend son domaine? quelles différentes formes
revêt-elle selon les multiples objets auxquels elle
s'applique? quelles sont enfin les vérités essentielles et dernières qu'elle nous enseigne relativement à la nature et à l'homme? Telles sont les
questions qui s'imposent tout d'abord à l'attention.
Si de la sorte on obtient une vue de l'univers tel
que la science nous permet de le concevoir, ou de
le conjecturer, il ne restera plus alors qu'à con-
fronter cette vision scientifique de l'univers avec
notre esprit même et ses différents besoins pour
savoir dans quelle mesure nous pouvons nous y
tenir comme à l'explication définitive de la réalité.

* *
*

L'univers, dans son ensemble ou dans la multiplicité infinie de ses phénomènes, se présente à

nous comme une énigme dont de tout temps l'esprit humain a passionnément cherché le mot : le soleil qui se lève, le vent qui souffle, la pluie qui tombe, le fleuve qui roule ses eaux vers la mer, l'arbre qui pousse ses feuilles vers le ciel, l'animal qui vole, rampe ou marche, l'homme enfin, l'homme surtout, sont autant de problèmes qui sollicitent notre curiosité et notre réflexion. Sans doute, sur quelques-uns d'entre eux la science a des réponses qui nous sont à ce point familières que nous avons peine parfois à apercevoir ce qu'ils ont pu contenir de mystère et quelle immense série d'efforts l'intelligence de l'homme a dû faire pour arriver, après mille tentatives avortées, à ces solutions qui nous apparaissent aujourd'hui si simples et si naturelles. L'écolier le moins instruit de nos jours sait que si le soleil apparaît le matin à l'horizon pour disparaître le soir, c'est que la terre accomplit sur elle-même, dans l'espace de vingt-quatre heures, une révolution pendant laquelle elle présente successivement au soleil toutes les parties de sa surface, une moitié seule restant éclairée pendant que l'autre demeure dans l'ombre. Mais avant d'arriver à cette explication que d'incertitudes, que d'erreurs, que d'hypothèses n'a-t-il pas fallu traverser ! Il

n'a fallu rien moins que des siècles et le génie
d'un Copernic et d'un Kepler pour enfanter une
vérité qui n'est pas la centième partie de ce que
peut contenir aujourd'hui le cerveau d'un enfant :
et cependant l'astronomie passe à bon droit pour
une des sciences les plus anciennes! Il n'y a pas
deux cents ans que ce phénomène si simple et si
familier de la chute des corps vers le centre de la
terre a reçu de Newton une explication rationnelle
par la pesanteur et l'attraction terrestre, il y a
cent ans à peine que les orages avec leur appareil
terrifiant d'éclairs et de tonnerre sont attribués
à leur vraie cause naturelle, l'électricité atmosphé-
rique. Que sera-ce si du monde inorganique et
des phénomènes matériels nous passons à celui
des êtres vivants, de la matière organisée? La
science de la vie date d'hier à peine, et si importantes qu'aient été ses premières découvertes, on
ne peut nier qu'elle en est encore à ses premiers
balbutiements.

Même dans l'état de tranquille certitude où
nous vivons aujourd'hui relativement à la plu-
part des phénomènes naturels qui se passent sous
nos yeux, nous avons la plus grande peine à nous
représenter comment les hommes ont pu vivre si
longtemps sans en connaître les causes et les lois;

nous ne songeons guère à remarquer qu'à l'égard
de beaucoup d'autres nous sommes dans ce même
état d'ignorance. C'est qu'en effet le privilège de
l'ignorance est de s'ignorer elle-même; seul le
savant sait qu'il ignore : la foule croit savoir et
affirme où le savant hésite et se tait.

Ne nous hâtons pas trop, cependant, de con-
damner ce penchant à affirmer. Cette présomption
de savoir, quand elle est naïve, quand elle ne sert
pas de déguisement voulu à l'ignorance, est la
chose du monde la plus respectable; il y faut voir
non pas seulement la manifestation d'une des plus
nobles aspirations de l'homme, mais encore
l'ébauche de la science même : elle est à la science
achevée ce que sont aux chefs-d'œuvre d'un
Phidias et à la frise d'un Parthénon les grossières,
lourdes et raides sculptures des temples égyptiens
ou assyriens. L'homme a toujours porté en lui-
même le besoin impérieux d'expliquer les choses,
l'incertitude n'est pas un état où il puisse séjourner et se tenir, car elle répugne à son besoin d'agir :
il a donc toujours cherché, à mesure que les
nécessités de la vie et de l'action l'exigeaient, à se
rendre compte des phénomènes, inventant pour
cela le mode d'explication le plus conforme à ses
habitudes de penser et le plus approprié à ses

expériences et à son imagination; et il serait bien téméraire d'affirmer que les explications les plus grossières, les plus puériles aux yeux de la science moderne, n'ont pas donné à ceux qui les ont inventées ou acceptées la même quiétude et la même certitude que nous donnent aujourd'hui les solutions les plus éprouvées et les mieux démon-trées. Le sauvage fétichiste qui met des dieux dans les arbres et les pierres, qui explique leurs propriétés bienfaisantes ou nuisibles par la volonté propice ou hostile de ces dieux, trouve apparemment dans cette représentation des choses la même sécurité intellectuelle que nous trouvons nous-mêmes dans le système de la nature que nous enseigne la science positive.

Est-ce à dire toutefois que toutes ces explica-tions se valent, qu'il n'y a pas de progrès des unes aux autres, que nous ne sommes pas plus avancés aujourd'hui dans la connaissance de l'univers que les Grecs du temps d'Homère, et qu'en somme la leçon qui se dégage de l'histoire de la science est une leçon de scepticisme? Assurément non. Nous connaissons plus de choses que les anciens, et celles que nous connaissons, nous les connaissons mieux. Par quoi donc notre connaissance, notre mode d'explication se distingue-t-il? en quoi con-

siste vraiment sa supériorité sur ceux qui l'ont
précédé, et puisque c'est la science qui a pu nous
en montrer la fausseté ou l'insuffisance, qu'est-ce
que la science?

* *

Prenons un exemple familier. Une torche, une
lampe brûle, et nous éclaire de sa flamme : voilà
un fait. Mais pourquoi brûle-t-elle? Qu'est-ce que
la flamme? A cette question les anciens physiciens
répondaient en disant qu'une torche brûle par
suite de la présence d'un élément subtil, le feu,
sorte de principe divin répandu dans les choses,
source à la fois de chaleur et de lumière, se mani-
festant tantôt sous la forme bienfaisante du soleil,
tantôt sous la forme malfaisante de la foudre. Le
feu est un être et joue dans le monde le rôle d'une
divinité tantôt propice, tantôt hostile et cour-
roucée. De cette explication au culte du soleil
considéré comme le père et le générateur de
tous les êtres, il n'y a qu'un pas, et ce pas est
vite franchi par l'imagination encore neuve des
hommes primitifs. Expliquer tous les phénomènes
naturels, le jour, la nuit, les vents, les orages, etc.,
par autant de divinités, autant d'êtres animés ayant
comme l'homme des intentions, des volontés,

des caprices, mais doués d'une puissance supérieure, proportionnée à la grandeur des phénomènes qu'il s'agissait d'expliquer, tel a dû être
le premier usage de la faculté de raisonner appliquée à l'interprétation de la nature. Quoi de plus
simple, en effet, de plus spontané chez l'homme
que la conception de ces causes surnaturelles en
tout semblables, à la puissance près, à lui-même,
c'est-à-dire au seul être qu'il sait, ou pour mieux
dire qu'il sent capable de produire en dehors de
lui-même des changements, qu'il reconnaît immédiatement comme cause? Faisons la part aussi de
la crainte que l'homme devait éprouver en présence de ces manifestations grandioses des forces
naturelles et de l'impulsion que ce sentiment ne
pouvait manquer de donner à son imagination,
spontanément portée d'ailleurs aux représentations concrètes.

Le premier mode d'explication des phénomènes
a donc été une explication toute *théologique*. Les
mythologies antiques ne sont en somme que des
théories de la nature à l'usage d'intelligences
dominées par la sensation et le besoin d'imaginer.
La première forme, et la plus naturelle, de cette
interprétation théologique, est le fétichisme. Le
polythéisme grec n'est qu'une transformation

générale, un perfectionnement du fétichisme primitif, le résultat d'une vision plus rationnelle et
mieux coordonnée de la nature. Le monothéisme
constitue un dernier progrès ; c'est pour avoir plus
exactement aperçu et reconnu la régularité des évé-
nements, l'unité profonde qui se cache sous la merveilleuse variété des choses, que l'homme en est
venu à attribuer à une volonté unique l'ordre
universel et l'ensemble des phénomènes. Cette
conception de l'univers a-t-elle complètement disparu? Ne la retrouvons-nous pas chez certaines
tribus sauvages qui adorent les arbres, les pierres,
les animaux? les religions monothéistes des
peuples civilisés sont-elles autre chose que l'écho
persistant de ces primitives interprétations de la
nature? Ne voyons-nous pas aussi que l'enfant
est naturellement fétichiste? Comme l'homme des
anciens temps il prête un vouloir capricieux aux
objets dont il a à se louer, et surtout à se plaindre ;
il frappe avec colère la chaise, le meuble contre
lequel il s'est heurté ; il brise, pour le punir, le
jouet qui l'a mécontenté. Et nous-mêmes, ne
sommes-nous pas fétichistes lorsque nous nous
irritons contre les choses qui ne vont pas au gré
de nos désirs, comme si la colère nous ramenait
un moment à l'état de nature : un homme en

colère n'est jamais athée; il blasphème, il renie
Dieu, et en le niant il le proclame et l'atteste; toute
émotion forte, en remuant profondément notre
puissance imaginative, en brisant pour ainsi dire
la fragile enveloppe de nos notions scientifiques,
de nos habitudes critiques et rationalistes, nous
replonge pour un instant dans l'état théologique,

* *
*

Mais revenons à notre exemple. Si au lieu d'interroger un homme des temps anciens nous
demandons à un savant du moyen âge, à un
alchimiste, pourquoi la torche brûle, il nous
répondra qu'il y a dans la matière dont elle est
faite une certaine propriété, la propriété phlogistique. Si nous essayons de pousser plus loin les
questions et de lui demander ce qu'il entend par
là, il nous dira que le phlogistique est une force,
une énergie, une *vertu* spéciale répandue dans
certains corps et qui les rend capables de brûler
et de produire la flamme. C'est la façon dont
Sganarelle explique les effets de l'opium : l'opium
fait dormir parce qu'il possède une *vertu* dormi-
tive. Ne nous hâtons pas trop de sourire devant
cette réponse. Peut-être trouverions-nous qu'en-

core aujourd'hui nous nous contentons souvent
de réponses analogues, et que la science moderne
n'est pas encore complètement débarrassée de
semblables conceptions; avant deux cents ans,
sans doute, nos fluides électriques, notre influx
nerveux obtiendront auprès de nos descendants
le même succès de ridicule. L'explication des
effets naturels par des propriétés, par des vertus,
par des essences situées dans les corps a régné
pendant tout le moyen âge; elle a suffi pendant
longtemps aux plus grands esprits; elle a été
pendant des siècles le type même d'une interprétation intelligible des choses, et celui qui en a le
premier dénoncé avec force l'insuffisance, Bacon,
n'a pu entièrement s'en affranchir. Or, en quoi
cette interprétation diffère-t-elle de la précédente?
Elle en diffère essentiellement en ce que les causes
des phénomènes ne sont plus des êtres animés,
des volontés, des personnes, mais des forces aveugles, sourdes et brutes. Au lieu de ce monde
vivant et plein de dieux des mythologies antiques, nous avons un monde de puissances mysté-
rieuses, indifférentes au bien comme au mal de
l'homme, redoutables parce qu'elles sont inconnues en elles-mêmes et ne se révèlent que par
leurs effets. De telle manière qu'on peut se

demander si en passant de la première à la
seconde de ces deux conceptions, il y a ou véritablement un progrès de l'esprit humain.

Il est évident cependant que, très inférieure à
la première, en ce sens qu'elle enlevait au spectacle des choses toute la fraîche poésie dont l'imagination des hommes l'avait tout d'abord revêtue,
la seconde est cependant sensiblement supérieure
parce qu'elle marque un pas vers l'affranchisse-
ment du préjugé antiscientifique par excellence,
le préjugé anthropomorphique, c'est-à-dire la
croyance que la nature est pleine d'intentions à
l'égard de l'homme, que l'homme est en somme
le centre et la fin de l'univers. En substituant
aux causes personnelles et vivantes de l'ancienne
explication théologique des causes impersonnelles
et abstraites, dont l'action devait être constante,
l'explication nouvelle marquait la ruine de mille
superstitions. Le feu, du moment qu'il est
expliqué par le phlogistique, n'est plus un dieu
qu'on adore, auquel on fait des prières et des
sacrifices : il est une force, selon les cas, bonne
ou mauvaise, à laquelle l'homme peut sans sacri-
lège s'attaquer soit pour l'utiliser, soit pour la
combattre. Dans le fait, toute la science du moyen
âge n'est qu'une tentative pour pénétrer le secret

de ces forces occultes, pour les plier à notre usage, sinon en supprimant les mauvaises, ce qui apparaissait déjà comme impossible, du moins en les modifiant, en les transformant en d'autres, salutaires et bienfaisantes. Tel est au fond le problème de l'alchimie. La recherche de la pierre philosophale qui devait fournir le moyen de transmuter tous les métaux et de les convertir en or est bien le problème essentiel, caractéristique et symbolique de cette époque scientifique où l'homme, détrompé de l'erreur qui lui avait montré tout d'abord dans les forces naturelles des puissances divines et souveraines, cherche à se les rendre esclaves, à en faire les dociles instruments de ses besoins et de ses volontés. Ce changement dans l'attitude de l'homme à l'égard de la nature, qui est le trait vraiment typique de la science du moyen âge, est aussi ce par quoi elle annonce et prépare la science moderne. Cet asservissement de la nature à l'homme que la science de nos jours réalise de plus en plus et qui est en quelque sorte son programme, c'est le moyen âge, c'est l'alchimie qui en ont pour la première fois proclamé la devise; et lorsque Bacon écrivait sa célèbre formule « savoir pour pouvoir », il ne faisait que résumer avec une rare clairvoyance et

une saisissante netteté la pensée maîtresse de la
science de son temps.

Toutefois cette tentative pour commander à la
nature, si elle avait cessé d'être impie, ne pouvait
cependant encore être efficace, et se trouvait
frappée à l'avance d'impuissance par l'insuffisance
de la conception même qui l'avait inspirée. Il y
avait en effet dans cette explication des phénomènes par des forces abstraites et des propriétés
spécifiques un double vice radical : elle n'était en
somme satisfaisante ni au point de vue théorique,
et pour l'intelligence des choses, ni au point de
vue pratique, et pour l'action de l'homme sur la
nature. Les causes qu'elle attribuait aux phénomènes naturels étaient des causes invisibles, non
seulement situées hors de la nature sensible, mais
encore irreprésentables à l'esprit. Quelle forme, en
effet, quelle figure donner à ces êtres abstraits? A
cet égard l'explication théologique était mieux
appropriée au besoin de comprendre, car elle offrait
tout au moins un sens à l'imagination. Pour
l'homme antique, en effet, les dieux, dont l'univers est peuplé et dont l'intervention se manifeste
en chaque événement, ont une forme concrète; ils
vivent, ils agissent, ils sont réellement présents
dans les choses, et leur mode d'action est des plus

simples : ils agissent comme l'homme lui-même,
ils vivent au milieu des hommes, et de fait ils ne
sont que des hommes d'une puissance supérieure.
Mais comment se représenter ces forces impersonnelles? comment se représenter aussi leur action
dans les corps? En réalité, bien loin d'expliquer
les choses, c'est-à-dire de les simplifier, cette interprétation ne faisait que les compliquer en dou-
blant le monde des corps visibles d'un monde
d'êtres mystérieux, sortes de lutins subtils et
follets, impossibles à saisir dans le vague de
leur essence, impossibles à suivre dans le jeu
ondoyant de leurs caprices. Dès lors comment les
maîtriser, s'il est impossible de les connaître?
comment gouverner leur action si nous ne pouvons savoir comment elle s'exerce? Comment
contraindre à nous servir et plier à nos volontés
ces fantômes qui se dérobent à la prise de nos
sens? Tel est en somme le grave et double défaut
de cette conception de la nature. En imaginant
pour chaque corps, pour chaque être, pour chaque
phénomène une cause spécifique, distincte, indépendante, absolue, elle multipliait à l'infini les
principes d'explication et ne donnait au besoin de
comprendre qu'une satisfaction illusoire puisque,
chacun de ces principes étant inintelligible en

soi, elle posait autant de questions qu'elle préten-
dait en résoudre. D'autre part, en situant ces
causes dans un monde inaccessible en quelque
sorte et en dehors des réalités sensibles, elle ne
donnait aucun fondement solide comme appui à
une action effective de l'homme sur les choses. Et
ainsi la science du moyen âge se trouvait avoir
posé un problème qu'elle ne pouvait résoudre. Ce
qu'il y a de chimérique dans l'alchimie c'est beaucoup moins son programme, qui est encore celui
de la science moderne, que la méthode par
laquelle elle croyait pouvoir le réaliser.

Nous avons passé en revue jusqu'à présent deux
modes d'explication : le premier, le mode *théologique*, consiste à se représenter les causes des
phénomènes naturels comme des personnes,
comme des dieux ; le second consiste à imaginer
ces causes comme des êtres impersonnels, d'ailleurs indépendants les uns des autres et agissant
à la façon de principes absolus, et situés en dehors
de la série des phénomènes, dans un monde
d'abstractions : ces causes en effet ne sont en
réalité que des abstractions réalisées, et ce mode
d'explication est le mode *métaphysique*, la caractéristique de l'esprit métaphysique étant en effet
de chercher des principes d'explication absolus

dans des choses en soi. Or il y a un troisième mode d'explication qui est précisément celui par lequel se caractérise la science de nos jours et qui paraît être le type définitif, également propre à satisfaire à la fois le besoin théorique de comprendre, et le besoin pratique d'agir sur les phénomènes.

*
* *

Revenons une seconde fois à notre exemple de tout à l'heure. Demandons à un savant contemporain pourquoi une torche éclaire. Il nous répondra : « Parce que, en brûlant, elle dégage des gaz mêlés de particules solides de charbon et portés à une haute température... Mais aussitôt s'élèvent de nouvelles questions. Pourquoi la torche dégage-t-elle des gaz? pourquoi ces gaz renferment-ils du charbon en suspension? pourquoi sont-ils portés à une température élevée? — On y répond en soumettant ces faits à une observation plus approfondie. La torche renferme du charbon et de l'hydrogène, tous deux éléments combustibles. — Ces deux éléments combustibles de la torche enflammée s'unissent avec un des éléments de l'air, l'oxygène. Or cette union produit

une très grande quantité de chaleur. Nous avons
donc expliqué l'élévation de température. En
même temps nous expliquons pourquoi la torche
dégage des gaz. C'est surtout parce que ses éléments unis à l'oxygène produisent : l'un (le
charbon) de l'acide carbonique, naturellement
gazeux; l'autre (l'hydrogène) de l'eau, qui, à cette
haute température, se réduit en vapeur, c'est-à-dire
en gaz. — Enfin le charbon pulvérulent et sus-
pendu dans la flamme, à laquelle il donne son éclat,
se produit parce que l'hydrogène, plus combustible que le charbon, brûle le premier aux dépens
de l'oxygène; tandis que le charbon mis à nu
arrive à l'état solide jusqu'à la surface extérieure
de la flamme [1]. »

Arrêtons-nous un instant devant cette explication. Ce qui doit nous frapper c'est qu'elle ne laisse
aucune place à l'arbitraire, ni au raisonnement
abstrait : elle est fondée sur l'expérience, sur
l'examen direct du phénomène ou d'autres semblables; d'autre part les causes qu'elle invoque ne
sont elles-mêmes que d'autres phénomènes. La
torche renferme du charbon et de l'hydrogène;
c'est un fait observable et ces éléments peuvent

1. Berthelot, *La science idéale et la science positive*, in *Dialogues
et fragments philosophiques* d'E. Renan.

être isolés; ils se sont combinés avec l'oxygène de l'air; c'est ce que nous révèle l'analyse des gaz dégagés. L'explication de la combustion de la torche par la combinaison des substances qui la composent avec l'oxygène de l'air est fondée sur ce fait, d'une vérification expérimentale facile et constante, que partout où il y a combustion il y a transformation de la substance combustible aux dépens de l'oxygène ambiant. Si l'on supprime du milieu l'oxygène, la combustion est impossible : une lampe, une bougie ne brûlent pas dans un air raréfié d'oxygène. L'élévation de température est expliquée par ce fait que toute combinaison dégage de la chaleur, comme il est aisé de l'observer dans les cas les plus nombreux et les plus variés. D'autre part, l'explication de la flamme et de son pouvoir éclairant n'est pas moins fondée : car on peut constater encore par des observations directes et précises la présence des particules de charbon dans la flamme, et la haute température des gaz dont elle est composée. Si l'on introduit dans la flamme un corps froid, comme une plaque de porcelaine blanche, par exemple, on verra le charbon se déposer à la surface en poussière noire. Quant à la température des gaz, elle peut être exactement mesurée à

l'aide des instruments de physique et de thermo-
mètres appropriés. Voilà donc expliqués la combustion de la torche, son pouvoir éclairant, et
cette explication a consisté tout simplement à
ramener ces phénomènes à d'autres auxquels ils
se trouvent constamment et immédiatement liés.

Comparons maintenant cette explication avec
les précédentes : tout d'abord elle ne fait appel
à rien de surnaturel ni de mystérieux, elle nous
laisse dans le monde des phénomènes naturels; les
causes invoquées peuvent être directement saisies
dans l'expérience, sont sensibles comme les effets
mêmes qu'elles expliquent; de plus cette explication nous présente les phénomènes comme liés les
uns aux autres d'une façon constante et nécessaire;
enfin et surtout elle nous montre dans un fait
particulier, la production de la flamme, un exemplaire, un cas de phénomènes beaucoup plus
généraux, le phénomène d'une combinaison chimique appelé oxydation, d'une part, et, d'autre
part, le passage à la couleur blanche des corps
soumis à une haute température. L'oxydation en
effet est un phénomène beaucoup plus général
que la combustion et sert à rendre compte de faits
en apparence très différents : la production d'une
couche de rouille à la surface d'un morceau de fer

exposé à l'humidité a la même cause que le feu de nos foyers : elle résulte de la combinaison du métal avec l'oxygène; la respiration est aussi une oxydation, etc. D'autre part, l'incandescence des corps portés à de hautes températures est un fait très général qui se vérifie non seulement pour le charbon, mais pour tous les autres corps minéraux ou végétaux. Or c'est précisément en cela, dans ce passage d'un fait particulier à des faits plus généraux, que réside surtout l'explication. Expliquer, c'est essentiellement simplifier, c'est ramener le divers au semblable, le multiple à l'un. Un phénomène est expliqué lorsque nous avons trouvé le point de vue d'où nous pouvons le rapprocher d'un grand nombre d'autres phénomènes donnés tout d'abord comme plus ou moins distincts, et embrasser ainsi d'un seul et même coup d'œil une multiplicité de faits en apparence hétérogènes. Il y a en effet une véritable satisfaction, un réel repos pour l'esprit à pouvoir ramasser, *comprendre* dans un fait simple et général une multitude de cas particuliers. Au fond l'esprit humain n'est pas autre chose qu'une machine à généraliser, et toute la connaissance n'est qu'une marche progressive, à travers des généralisations de plus en plus hautes, vers la simplification idéale et absolue.

Mais expliquer ce n'est pas simplement unifier ce qui est multiple, c'est encore lier ce qui est donné comme séparé, et montrer des rapports nécessaires là où l'expérience ne nous donne que des voisinages peut-être fortuits et des rencontres peut-être accidentelles. Or l'interprétation que le savant nous a donnée du fait pris comme exemple a précisément pour effet de nous montrer entre certains phénomènes des liaisons constantes. Elle nous apprend par exemple qu'il y a une connexion nécessaire et constante entre le phénomène de la combinaison d'un corps avec l'oxygène et le phénomène de l'élévation de la température, entre l'élévation de la température et ce changement physique des corps par où ils passent à l'état d'incandescence. L'établissement de telles liaisons est encore un repos pour l'esprit, car elles lui permettent de passer sans effort de certains faits à certains autres dont ils dépendent, de les deviner quand ils se cachent, de les prévoir avant même qu'ils se soient produits. Or c'est là un avantage sur lequel il est nécessaire d'insister, car nous verrons qu'il est un des traits essentiels de ce dernier mode d'explication.

Lorsque nous connaissons deux faits comme liés constamment l'un à l'autre dans l'expérience,

si bien que l'un apparaît comme l'antécédent
constant, nécessaire de l'autre, dès l'apparition
du premier nous pouvons attendre et prévoir.
si les circonstances restent d'ailleurs les mêmes,
l'apparition du second. Or la possibilité de la
prévision des phénomènes, telle qu'elle résulte de
la connaissance de leurs liaisons nécessaires, a
d'abord un intérêt de premier ordre pour la connaissance même de la nature, puisqu'elle l'étend
jusqu'à l'avenir; mais surtout elle a un intérêt
pratique immense, car elle est la condition nécessaire et suffisante de l'action réelle, effective, de
l'homme sur les choses. Le savant qui sait de
quoi est faite la flamme, le rapport invariable
qui existe entre la combustion et la combinaison
du carbone et de l'oxygène, entre la combinaison
et l'élévation de température, entre l'élévation
de température et l'incandescence, pourra à son
gré agir sur ce phénomène soit en activant cette
combustion par une plus grande quantité d'oxygène fournie au foyer, comme dans la flamme
bleue des chalumeaux, soit par l'incorporation à
la flamme de corps dont l'incandescence donne
plus d'éclat, comme dans les lampes de nos
appareils à projections, où un morceau de craie a
remplacé le charbon fuligineux de la torche. Si

nous disposons d'une cause dont les effets nécessaires nous sont connus, nous pouvons, à notre
gré, produire, supprimer, faire varier les effets,
en produisant, supprimant ou modifiant la cause.
Et ainsi se trouvent réalisés le rêve de Bacon et le
rêve des alchimistes : savoir pour pouvoir, et
employer cette puissance à pourvoir aux besoins
de l'homme. Seule cette explication par des
causes naturelles et nécessaires assure à l'homme
cette domination de la nature que l'explication
métaphysique était impuissante à lui donner.

Résumons en quelques mots les considérations
qui précèdent. La science d'aujourd'hui, comme
celle de tous les temps, consiste dans la recherche
des causes. Mais au lieu de chercher ces causes
en dehors de la nature, soit dans des volontés
particulières, soit dans des forces abstraites et
métaphysiques, la science les cherche dans les
phénomènes eux-mêmes : pour elle, la cause
d'un fait c'est son antécédent nécessaire, le fait
plus général auquel il se rattache et dont il
dépend. La connaissance de ces causes et des
liaisons nécessaires qui les unissent à leurs effets
permet à l'esprit humain d'abord de substituer à
la représentation pénible et nécessairement con-
fuse de la diversité infinie des faits la représen-

tation beaucoup plus simple de leurs rapports généraux énoncés en des formules appelées lois, et c'est en quoi elle est vraiment une explication : d'autre part elle rend possible, réelle, effective, l'intervention de l'homme dans le cours des phénomènes naturels, et ainsi non seulement la science devient suffisante à l'intelligence théorique de l'univers, mais elle est aussi pratiquement efficace et fonde d'une manière incontestable le pouvoir de l'homme sur les choses. Dégager de l'infinie variété des phénomènes les liaisons nécessaires qui s'y trouvent constamment réalisées, remonter des faits aux lois immédiates qui les régissent, des lois immédiatement dégagées remonter à des lois plus générales encore et plus compréhensives, substituer ainsi au monde confus de l'expérience et des sens un monde coordonné, unifié, simplifié et ramené à un petit nombre de formules simples, peut-être même à une formule unique, puis, par une marche inverse, redescendre de la connaissance des causes et des lois non seulement à la prévision, mais encore, s'il y a lieu, à la production des effets et des cas particuliers, faire de l'homme non seulement l'ordonna-teur grandiose de l'univers, mais encore, autant qu'il est en lui, le maître de la portion d'univers qu'il habite : tel est le but que se propose la science moderne et tels sont les moyens qu'elle apporte pour la réalisation de ce grand œuvre.

*
* *

Cette science se caractérise par un mot qui résume son esprit, qui contient en même temps toute sa méthode et marque nettement son domaine et ses limites : c'est la science *positive*. — Que faut-il entendre par là ? Il faut entendre avant tout le parti pris de s'en tenir aux faits, aux données certaines de l'expérience, à cela seul qui peut être saisi par les sens ou par les instruments qu'ils appellent à leur secours, de ne jamais recourir pour l'explication à d'autres réalités que les réalités sensibles et naturelles, et par conséquent d'éliminer de la science toute cause surnaturelle et métaphysique. Dès lors il n'y a qu'une méthode possible, celle-là même que Bacon avait entrevue et dont il avait jeté les premières bases, la méthode d'observation : le savant ne doit rien demander qu'à l'expérience et aux faits. La grande erreur de la science scolastique du moyen âge a été, après avoir imaginé dans les corps des essences, de croire qu'il était possible de déduire

leurs propriétés et leurs phénomènes par des rai-
sonnements corrects, par des syllogismes subtils
fondés sur les définitions de ces essences supposées. Or les faits ne se construisent pas : ils sont
ou ne sont pas, et s'ils sont on les constate, et ils
ne sont que dans la mesure où on peut les constater. L'expérience, d'ailleurs, ne nous donne pas
seulement les faits : c'est elle qui nous montre
entre les faits les liaisons que la science se propose
de dégager et de recueillir. La science, en définitive, n'est qu'une *expérience* réfléchie, comparée
avec l'*expérience* et contrôlée par l'*expérience*. Elle
doit se borner à éliminer, par un ensemble de procédés rationnels et rigoureux, en multipliant et en
variant à l'infini ses observations, ce qu'il y a
dans les faits d'accidentel et de particulier pour
n'en conserver que ce qu'ils présentent de constant et de général. Sans doute rien n'empêche le
savant d'anticiper parfois sur l'expérience par
quelques hypothèses sur la cause du fait qu'il veut
expliquer : cela même est nécessaire, car la nature
est lente à nous révéler son secret et l'esprit est
impatient de le connaître. Il peut alors chercher,
soit en observant le phénomène, soit en interve-
nant lui-même dans sa marche, la vérification
expérimentale de son hypothèse. Mais, alors même

qu'il anticipe sur la nature, l'homme doit rester
dans les voies mêmes de la nature, que l'expérience lui indique. Il faut qu'il se mette à son
école comme un disciple, impatient parfois de
devancer les lenteurs du maître, mais soumis
néanmoins, toujours attentif et ne connaissant
d'autre autorité que sa parole. « L'homme, suivant
un mot célèbre du même Bacon, ne peut commander à la nature qu'en lui obéissant. »

Il est évident maintenant que la science ainsi
comprise a pour domaine toute réalité qui tombe
sous les prises de l'expérience, et qui se manifeste
par des faits ou des lois. Et tout d'abord son
domaine naturel et en quelque sorte privilégié est
la réalité physique, la nature inorganique. Là en
effet le jeu mécanique des lois se laisse saisir pour
ainsi dire à nu dans une matière inerte et sans
spontanéité. La liaison des phénomènes, depuis les
révolutions des astres étudiées par l'astronomie
jusqu'aux modifications moléculaires de la matière
qui sont l'objet de la chimie, apparaissent assez
facilement avec leur caractère de nécessité : aussi
est-ce dans cet ordre de recherches que la science
est le plus tôt arrivée à se constituer sous sa forme
positive. Toutefois ce serait une erreur de croire
qu'il n'y a pas une connaissance positive de la

nature organisée et vivante. Dans le monde des
êtres animés en effet, la spontanéité même de la
vie s'est révélée comme soumise à des lois fixes
régissant soit la constitution des êtres, soit leur
développement individuel, soit leur évolution spécifique. La zoologie, dès lors, c'est-à-dire l'étude
des êtres vivants considérés comme des êtres spécifiquement distincts dont toute la science était
bornée à une classification et à une description, a
fait place à la biologie, c'est-à-dire à la science
de la vie considérée elle-même comme un fait
naturel, soumis à des lois, et dont les êtres ne
sont que des expressions plus ou moins parfaites :
la biologie n'est plus seulement une science descriptive et une classification, elle est une science
explicative, car elle essaie de ramener à quelques
lois simples et fondamentales tous les phénomènes particuliers d'organisation, de structure et
d'activité vitale qui se rencontrent dans la série
des êtres. Enfin il n'est pas jusqu'à l'homme
moral qui ne puisse être un objet de science positive.

A la vérité c'est dans cet ordre de faits qu'elle a
eu le plus de peine à se faire accepter : là en effet
elle se heurtait à une foule de préjugés dont le
principe était dans cette erreur fondamentale que

l'homme est un être à part dans la nature et que toute explication naturelle expire au seuil du monde moral. Or il y a là une illusion psychologique fondée sur la conscience qu'a l'homme de sa prétendue liberté. Du moment en effet où notre sentiment intérieur témoigne que nous sommes un principe original d'action, une activité autonome, comment appliquer à l'explication de notre vie morale une méthode dont la possibilité repose tout entière sur l'existence de lois nécessaires? Le seul mode d'explication valable pour des faits aussi originaux n'était-il pas plutôt de chercher dans la conscience même de cette activité, par l'observation intérieure et la réflexion, tout ce que nous pouvons savoir sur sa nature, de remonter ainsi jusqu'au principe même de la vie morale, jusqu'à l'âme, et de rendre compte par son essence et par ses propriétés fondamentales, par des facultés en un mot, de tout ce qui se passe en nous? L'illusion psychologique de la liberté a ainsi perpétué dans la science de l'homme moral le préjugé de l'explication métaphysique par un principe spécial, à cause de l'apparente certitude avec laquelle la conscience nous révèle ce principe.

Le développement de la science biologique a dissipé cette illusion : elle a montré que par son organisme l'homme est soumis aux lois générales qui régissent les êtres vivants, que comme eux il dépend de son milieu physique; que d'autre part la vie consciente n'a pas l'autonomie et l'indépendance absolues supposées par l'ancienne psychologie, que tous nos sentiments, toutes nos idées, toutes les modifications de notre « moi » sont en réalité commandés par des mouvements de la matière cérébrale, qu'il n'y a pas de pensée sans cerveau et que dès lors la connaissance de l'homme moral doit s'appuyer sur la connaissance approfondie des conditions de la vie organique, et plus particulièrement des lois de son activité cérébrale, qu'en un mot la psychologie n'est qu'un chapitre de la physiologie. Mais s'il en est ainsi, c'est surtout par le dehors, dans les faits physiques et organiques qui la conditionnent que la vie morale pourra être connue et atteinte : il y aura dès lors une science positive de l'homme moral qui consistera à rechercher par l'observation et même par l'expérimentation à quelles lois obéit la vie consciente, et de quelles lois vitales plus générales dépendent ces lois particulières. La psychologie s'est ainsi constituée peu à peu, elle aussi, en science vraiment explicative, après n'avoir été longtemps que le roman métaphysique de l'Âme.

De même pour la morale proprement dite, en tant que théorie de la conduite. Comme la psychologie, la morale a longtemps vécu de l'illusion de la liberté humaine. Elle a longtemps cherché dans cette même conscience où elle trouvait le sentiment de la liberté la règle même à laquelle cette liberté devait se soumettre. Et ainsi la morale au lieu de s'inspirer, pour la réglementation des mœurs, des conditions réelles de l'activité humaine, posait un idéal abstrait dont elle tirait ensuite par le raisonnement les maximes de la pratique. Or si le progrès des sciences biologiques a dissipé l'illusion d'une conscience indépendante de son milieu organique et physique, le progrès des sciences historiques a dissipé celle d'une activité humaine indépendante de son milieu social. Le véritable principe des actes humains n'est pas dans un prétendu libre arbitre, et la véritable loi n'est pas dans un commandement intérieur autonome. L'homme est un être social, il vit dans la société de ses semblables, il vit de cette société et pour cette société : tous les actes qui ne sont pas commandés en lui par les nécessités de la vie organique sont commandés par les nécessités de la vie sociale; il est un rouage dans un mécanisme, ou plutôt une cellule dans un

organisme. La véritable loi directrice de sa conduite ne saurait donc être déterminée si l'on ne
tient pas compte du milieu dans lequel il vit et il
agit : elle doit au contraire être tirée de la connaissance de ces nécessités sociales, car la société
est un fait soumis à des lois. Ces lois sont découvertes précisément par l'observation des faits
sociaux dans l'histoire. L'histoire nous montre en
effet dans la société humaine le résultat d'une sorte
d'organisation des vies individuelles, un organisme véritable ayant sa constitution, ses fonctions, son développement, son progrès régis par
des lois constantes. Les mœurs, les institutions,
les lois, les langues, les religions, les arts, etc.,
sont les manifestations de cette vie collective et
correspondent à autant de fonctions distinctes de
l'organisme social. Il y a donc une science de la
vie sociale fondée sur l'observation des faits
sociaux et consistant dans la recherche de leurs
lois : cette science c'est la sociologie. Et de même
que la psychologie ou étude de l'être conscient se
subordonne à la biologie, de même la morale,
comme science de la conduite individuelle, se
subordonne à la sociologie, elle n'en est à proprement parler qu'un chapitre; elle n'est que la tra-
duction en des maximes pratiques valables pour

l'individu des rapports nécessaires qui unissent
l'individu à la société. Ainsi entendue, la morale
est vraiment une science, une science positive de
la conduite, et non plus le roman plus ou moins
héroïque de la liberté.

*
* *

Ainsi rien dans l'univers n'échappe à la science
positive, son domaine est celui de toute la réalité
telle qu'elle se révèle à nous. Le monde moral,
comme le monde physique, se trouve expliqué
par elle. Y a-t-il maintenant, au delà 'du monde
des faits observables, d'autres réalités, que nos
sens et nos moyens positifs de connaître n'atteignent pas? Y a-t-il un être derrière ces phénomènes, une cause première, un absolu à l'origine
de la série des causes secondes? Ce sont là des
questions qu'elle ignore, qu'elle fait profession
même d'ignorer, estimant qu'il n'y a de questions
que là où il y a des réponses possibles, et que
tout problème insoluble n'est pas un problème.
Or le problème relatif au commencement absolu
comme à la fin dernière des choses est insoluble
à l'esprit humain. L'idée d'une cause *première,*

c'est-à-dire qui elle-même serait sans cause, est irreprésentable, aussi bien que l'idée d'un phénomène qui serait le terme absolu de la série. L'esprit humain est condamné par sa nature à ne connaître que le fini et le relatif. La science positive se meut au sein des causes secondes et des existences relatives et finies : elle ignore s'il en est d'autres; souveraine dans la sphère des choses observables, elle reste dans les limites que les conditions mêmes et les lois de la pensée lui assignent. Elle ne nie pas l'absolu comme réalité, elle le nie comme problème. L'avènement de la science positive doit marquer pour l'esprit humain l'abandon de toute recherche de l'au-delà, il est la fin de la métaphysique.

Tel est, en résumé, l'esprit et l'objet de la science moderne, tel qu'il se dégage de la pensée et de l'œuvre de celui qui en a fait dans ce siècle la théorie raisonnée, du fondateur du positivisme, Auguste Comte. Telle est sa méthode, tel est son domaine et telles sont ses limites. Et maintenant réalise-t-elle, en effet, son programme d'explication universelle? arrive-t-elle à satisfaire toutes les curiosités et tous les besoins de l'esprit? Est-il vrai que l'explication positive représente le type définitif de l'interprétation des choses, et que tout autre mode de penser doive s'effacer désormais devant celui-là? L'explication métaphysique de l'univers par une cause première telle que la philosophie a toujours prétendu la donner, est-elle ruinée comme une tentative illégitime et chimérique, et n'a-t-elle plus qu'une valeur historique et en quelque sorte documentaire, comme l'expression d'une des grandes erreurs que l'esprit humain a dû traverser avant d'arriver à la vraie science?

Telle est, on l'a vu, la question qui domine cette recherche. Mais pour y répondre il ne nous suffit pas d'avoir défini l'idée de la science; il nous faut la voir à l'œuvre; il nous faut la suivre dans son travail, lui demander à quels résultats elle nous conduit, quelles vérités générales et dernières elle nous enseigne sur la nature et sur l'homme, pour en dégager la vision du monde qu'elle propose à l'intelligence. Il nous faut pour cela descendre dans le détail de l'œuvre scientifique, voir la contribution que chaque science apporte à la solution du problème général : il nous faut en un mot, après avoir dit ce que c'est que la science, montrer comment se fait la division du travail scientifique, comment chaque mode distinct de réalité est l'objet d'une science particulière, quelle place revient à chacune de ces différentes sciences dans l'ensemble du savoir humain. Distinguer, définir et classer les différentes sciences avant de passer à l'exposé de leurs résultats généraux, tel est le premier problème qui s'impose maintenant à notre attention.

II

Les sciences. — Classification des sciences.

La science est une, par son esprit et par sa méthode; mais son objet est multiple et divers. Ce que nous appelons d'un seul mot la nature présente une complication infinie; c'est d'abord un enchevêtrement extraordinaire des phénomènes les plus différents, depuis les mouvements des astres jusqu'aux manifestations si originales, si troublantes de l'instinct et de la spontanéité animale; c'est aussi une profusion inépuisable, un fourmillement, un grouillement d'existences, d'êtres aux formes et aux propriétés les plus diverses, depuis les soleils qui peuplent les espaces, jusqu'aux innombrables minéraux, végétaux et animaux que porte notre planète. L'esprit humain a de bonne heure tenté de mettre un certain ordre dans ce chaos. La première des distinctions qui s'imposait, et qui marqua sans doute la première réflexion de l'homme sur la nature, fut la distinction du monde céleste des astres et du monde terrestre. Dans le ciel même, une réflexion plus avancée permit de distinguer le monde des étoiles fixes, et celui des planètes, c'est-à-dire des astres errants soumis au mouvement et au changement comme la terre, périssables comme elle. Sur la terre ce qui paraît avoir frappé tout d'abord les anciens physiciens c'est beaucoup moins la distinction pourtant si naturelle et si saisissante des êtres animés et des êtres inanimés, que la distinction beaucoup plus subtile et aussi plus philosophique de certains éléments entrant dans la constitution de tous les êtres, l'eau, l'air, la terre et le feu. C'est d'Aristote seulement que date la séparation et la définition de l'inorganique et de l'organique, des minéraux, des végétaux, des animaux et de l'homme. A mesure que se dissipait la confusion première du spectacle des choses, que la vision de la nature devenait plus distincte, à mesure aussi la science sortait de son état chaotique, à mesure les questions se distinguaient, se diversifiaient, à mesure naissaient des sciences particulières mieux adaptées à la diversité des choses. Après s'être posé dans son universalité, mais aussi dans toute sa confusion, le problème de l'explication totale, l'esprit humain mieux informé de la complexité de la nature a posé des problèmes distincts, et a réparti l'effort de la recherche en des sciences, limitées dans leur objet, mais par là même plus propres à l'embrasser et à l'étreindre tout entier. Ainsi, par une lente division du travail scientifique, se sont constituées peu à peu ces disciplines si nombreuses et si diverses qui sont les sciences particulières. Il semble même que cette division puisse aller jusqu'à l'infini, les progrès de chaque science ayant pour effet, en découvrant tous les jours quelque mode nouveau de réalité, de donner naissance à une science nouvelle. Qui aurait dit, il y a seulement cinquante ans, que de la chimie naîtrait la microbiologie, et qui pourrait affirmer aujourd'hui que de cette science née d'hier ne jaillira pas à son tour quelque branche nouvelle? Il paraît bien cependant, quels que puissent être dans ce sens les progrès de la connaissance humaine, que la science en a dès à présent fixé les cadres généraux, et que l'on puisse ramener non seulement tout le savoir scientifique réel, mais encore tout le savoir scientifique possible à un

petit nombre de sciences fondamentales, correspondant à des catégories vraiment distinctes de
l'objet considéré dans la totalité de ses manifestations. Quelles sont ces sciences fondamentales?

Le problème de la classification des sciences
est un des plus considérables que l'esprit humain
puisse se poser. Il ne faut pas en effet entendre
par là une simple répartition des choses connues
et quelque chose comme un répertoire, une table
des matières du savoir humain : une véritable
classification des sciences doit embrasser tout le
possible de la science, et par là suppose une vue
systématisée de la réalité qui est son objet. Elle
est donc une vue très générale des choses dans
l'ordre où elles se présentent comme le mieux
liées, le mieux coordonnées pour l'esprit. De plus
cette liaison, pour être vraiment satisfaisante et
établir dans la science l'unité qu'elle réclame, doit
être non pas celle d'une coordination, d'une inter-
dépendance qui laisserait tout sur le même plan,
mais d'une subordination, d'une dépendance
hiérarchique en vertu de laquelle le passage d'une
science à l'autre se fasse par une sorte de nécessité
logique.

C'est Auguste Comte qui a eu le premier l'idée
de cette hiérarchie des sciences, et sa classification,

même avec ses imperfections et ses lacunes, reste au moins dans son principe le modèle de tout ce qui pourra être tenté dans ce sens. Le principe de la classification de Comte est la distinction et la subordination des sciences les unes aux autres selon que leur objet présente dans la nature une plus ou moins grande généralité.

Au sommet de la pyramide scientifique, Comte place la *mathématique*, la science de la mesure : de tous les rapports en effet qui existent entre les choses, les rapports mensurables, c'est-à-dire ceux qui expriment la quantité sont les plus généraux. Les mathématiques ne dépendent d'aucune autre science, et toutes les autres sciences ont besoin d'elles, dès qu'elles saisissent entre les objets ou les phénomènes des rapports de mesure. Immédiatement au-dessous des mathématiques Comte place l'*astronomie*, science déjà concrète puisqu'elle ne porte plus comme les mathématiques sur des rapports abstraits, mais sur des objets réels, les astres, les corps célestes, science néanmoins très générale encore, car elle n'étudie ces objets que du point de vue des rapports mathématiques qu'ils réalisent, c'est-à-dire dans les figures géométriques qu'ils décrivent dans l'espace et dans leurs mouvements relatifs. Avec la *phy-*

sique nous faisons un pas décisif vers le concret et le réel. La *physique* étudie en effet les corps avec leurs diverses propriétés, non plus seulement comme des figures et des portions d'espace, mais comme des réalités sensibles, et dans les phénomènes sensibles qui résultent de leurs propriétés. Plus encore que la physique, la *chimie* descend dans la nature intime des corps qu'elle étudie non pas seulement dans leurs effets, mais dans leur constitution moléculaire. Au lieu que la physique n'étudie que les propriétés de la matière en général, la *chimie* atteint l'élément matériel ultime, la molécule et ses déterminations. Comme la physique cependant, la chimie reste encore dans le monde de la matière inorganique. Or si complexes que soient les phénomènes qui se produisent au sein des corps bruts, ils n'atteignent pas à la complexité de ceux que nous présentent les corps vivants. Le tissu vivant, outre toutes les propriétés physiques et chimiques de la matière brute, pesanteur, chaleur, etc., se signale par certaines qualités qui lui sont propres comme la contractilité, et qui constituent le fait même de l'organisation. Le phénomène de la vie est l'objet d'une science plus complexe que la physique, que la chimie, et qui les suppose : il est l'objet

de la *biologie*. Enfin il est un mode de réalité qui
dépasse tous les autres en complexité : c'est celui
que nous présentent les êtres vivants lorsqu'ils
sont réunis en collectivités, en sociétés : les phénomènes de la vie sociale supposent tous ceux de
la vie proprement dite, et manifestent en outre
certaines particularités caractéristiques par où
ils se distinguent. Il y a une science des phénomènes sociaux, et cette science, la plus concrète
de toutes, et aussi la plus complexe, est la *sociologie*.

Telle est la classification des sciences qu'Auguste
Comte a mise à la base de son système. La science
y est présentée comme un ensemble systématique
de recherches subordonnées les unes aux autres
et traduisant dans leur subordination la hiérarchie
même des faits et des existences auxquels elle
s'applique. Je n'entreprendrai pas ici d'en faire
une critique approfondie : ce serait anticiper sur
les conclusions qui se dégageront de la suite de
notre examen. Je n'essaierai pour le moment de
montrer ni ses imperfections ni surtout ses lacunes.
Nous savons déjà en effet que si la philosophie
ne trouve aucune place dans ce tableau des
sciences, c'est que son problème dans la pensée
de Comte est ou bien absorbé, ou bien supprimé

par la science positive. Il convient plutôt en ce moment d'insister sur ce qu'il y a de grand et de profondément philosophique dans cette conception d'une hiérarchie logique des connaissances humaines. Cette classification pourra être rectifiée, complétée; elle l'a été déjà même par les disciples de Comte : son idée maîtresse, celle d'une subordination des sciences suivant l'ordre d'une généralité décroissante et d'une complexité croissante restera, selon toute vraisemblance. Le tort le plus grave d'Auguste Comte a été de croire que cet ordre de subordination logique était en même temps l'expression d'un ordre de succession historique, et que les sciences s'étaient développées dans l'ordre même de sa classification. Un disciple de Comte, le philosophe anglais Herbert Spencer, a fait abondamment justice de cette erreur. Mais cette erreur était capitale, car elle conduisait son auteur à considérer l'avènement de la dernière de ces sciences, de la sociologie, comme le terme dernier de tout le progrès scientifique. Nous verrons que c'est précisément un des points faibles du positivisme d'avoir prétendu arrêter une fois pour toutes, dans ses classifications et dans ses cadres, le développement de la pensée humaine.

* *

Peut-être pourrait-on, en conservant le principe logique de la subordination des sciences, en
faire un tableau sinon plus systématique, du moins
plus complet et ainsi moins sujet au reproche de
parti pris. D'ailleurs les positivistes eux-mêmes
ont notablement modifié sur ce point la doctrine
du maître, et en particulier ils ont restitué à son
vrai plan de science fondamentale, l'étude de
l'homme moral reléguée par lui au rang de science
secondaire et subordonnée.

Quoi qu'on puisse penser en effet des rapports
qui unissent l'homme à la nature, si l'on se place
au point de vue des faits, qui est le véritable point
de vue positif, il est impossible de n'être point
frappé des différences singulières qui existent entre
les faits du monde physique et ceux du monde
moral. Abstraction faite de toute hypothèse métaphysique sur la matière et l'esprit, et à ne considérer que leurs manifestations, il est certain que
l'apparition dans le monde d'un être doué de conscience a inauguré un ordre de phénomènes absolument nouveau et sans analogues. L'être capable
de se connaître lui-même se distingue par là même

et par cela seul de tous les autres, quelles que puissent être d'ailleurs ses relations et ses dépendances par rapport à ces autres êtres. La vieille distinction de l'esprit et de la matière débarrassée de sa signification métaphysique, considérée non plus comme une distinction de substances, mais comme une distinction de faits, conserve donc toute sa valeur même au regard d' la science positive, et peut ainsi servir de base à une division très générale des sciences. Nous pouvons donc dès à présent établir avec A. M. Ampère une distinction fondamentale entre deux ordres de sciences : les sciences de la nature, ou de la matière ou du monde en général, les sciences de l'homme considéré comme un être conscient ou moral, comme un esprit : on appelle les premières sciences *cosmologiques*, les secondes sciences *noologiques* ; mais cela ne saurait nous suffire et il faut pousser plus loin la subdivision, si nous voulons atteindre les sciences particulières. C'est ici que nous pouvons nous servir du principe posé par Comte.

Dans la nature, en effet, il y a des phénomènes plus simples et plus généraux les uns que les autres. Il y a les êtres, mais il y a aussi entre les êtres des rapports plus ou moins généraux et

abstraits. Or les sciences se distinguent précisément
par le degré d'abstraction et de généralité de leur
objet. De tous les rapports qui peuvent exister
entre les corps, les plus généraux, les plus abstraits
de tous sont d'abord les rapports spatiaux : tous
les corps, abstraction faite de leurs autres qualités
sensibles, nous sont donnés comme étendus;
d'autre part, en tant qu'ils sont étendus, les corps
nous apparaissent comme susceptibles d'accroisse-
ment ou de diminution, c'est-à-dire comme des
grandeurs ou quantités. Ces grandeurs nous sont
connues par la comparaison que nous en faisons,
et cette comparaison des quantités c'est ce qu'on
nomme la mesure; enfin tous les corps, à des
degrés divers, changent leur situation les uns par
rapport aux autres, et ce changement s'appelle le
mouvement. Espace, grandeur, mouvement, sont
les propriétés les plus abstraites et les plus générales que l'observation nous révèle dans la nature.
De là un premier groupe de sciences abstraites : ce
sont les sciences *mathématiques*. Il y a trois
sciences mathématiques fondamentales : la *géométrie* ou science de l'espace et des déterminations
de l'espace appelées figures, l'*arithmétique* ou
science des quantités mesurées à l'aide des nombres, la *mécanique* ou science du mouvement;

l'*algèbre* n'est qu'une arithmétique plus abstraite
dans laquelle les diverses opérations que l'esprit
peut effectuer sur les grandeurs sont étudiées
indépendamment des nombres qui les expriment,
et où les grandeurs au lieu d'être exprimées par
des nombres, c'est-à-dire par des quantités
définies, sont exprimées par des lettres, par des
symboles généraux représentant toutes les quantités numériques possibles.

*
* *

Si maintenant nous passons de la considération
de ces propriétés communes à tous les corps, à la
considération des corps eux-mêmes, nous faisons
un pas vers la réalité concrète ; mais ces corps eux-
mêmes nous pouvons les étudier à deux points de
vue assez différents. Si je prends un morceau de
minerai, par exemple, je puis distinguer en lui certaines qualités de valeur très inégale. Il a d'abord
un poids, une certaine température, une certaine
couleur, une certaine résistance ; si je le frappe il
résonne d'une certaine manière ; si je le soumets
à certaines expériences, si je le chauffe, par
exemple, il pourra suivant les cas conserver sa

forme, sa solidité, ou bien devenir liquide et même gazeux; si je le mets sur le trajet d'un courant électrique, il pourra se produire certains autres phénomènes : il pourra ou bien arrêter le courant et alors s'échauffer, se fondre ou même se volatiliser, ou bien transmettre tout simplement le courant, s'il est conducteur; ce sont là autant de propriétés du minerai. Or ces mêmes propriétés, masse, température, couleur, résistance, propriétés caloriques, électriques, etc., je les retrouve dans tous les autres corps, comme les attributs essentiels d'une substance commune à tous, la matière. D'ailleurs, considéré en lui-même, le minerai n'en a pas moins sa physionomie propre, son individualité, résultant de la réunion, de l'ensemble, du système particulier de ces propriétés : c'est un être. Or je puis étudier ce corps à ce double point de vue, ou bien simplement comme un morceau de matière et dans ses propriétés générales, ou bien dans sa réalité propre, comme un être, comme un individu : et cela correspond à deux sortes de sciences très distinctes, les sciences *physiques* ou sciences de la matière, c'est-à-dire de ce qu'il y a de plus général dans les propriétés sensibles des corps, et les sciences *naturelles* ou sciences des êtres.

Or la considération des corps dans la nature
nous montre certaines propriétés physiques comme
plus générales que d'autres. C'est ainsi par exemple
que les astres ne se révèlent tout d'abord à nous
que par un petit nombre de qualités. Ce sont des
points ou des masses ayant une forme, une grandeur plus ou moins appréciable, sources de chaleur
ou de lumière, animés de certains mouvements :
mais là se borne l'expérience sensible directe que
nous en pouvons avoir; c'est au point que nous
pouvons même négliger à peu près complètement
ces propriétés physiques des astres pour ne considérer que leurs propriétés géométriques ou mécaniques. Il y a cinquante ans à peine que nous
savons atteindre indirectement par l'analyse spectrale la constitution physique des corps célestes.
L'*astronomie* est donc une science physique puisqu'elle a pour objet des corps, c'est-à-dire des
portions de matière; mais elle est très générale
puisque les propriétés qu'elle étudie peuvent
presque entièrement s'expliquer par la mécanique
et la géométrie : moins abstraite que la mathématique, puisqu'elle comporte l'observation, elle
est plus générale que la physique proprement dite
puisque l'observation y fait presque tout de suite
place au calcul; elle est une science mixte en

quelque sorte entre les sciences physiques et les sciences mathématiques.

L'étude de ces propriétés de la matière qui se révèlent par la seule expérience sensible et par la seule observation de ces qualités essentiellement corporelles, comme le poids, la température, le son, etc., est précisément l'objet de la *physique*. Or les propriétés des corps se manifestent par les changements qui résultent de leurs actions réciproques, c'est-à-dire par les phénomènes auxquels donne lieu leur voisinage ou leur rencontre. La physique est essentiellement la science de ces phénomènes. La pesanteur en elle-même, en tant que propriété de la matière, nous est aussi inconnue que la matière elle-même en tant que substance : nous ne voyons pas, nous ne sentons pas la pesanteur; nous ne voyons et ne sentons que certains phénomènes comme la chute des corps vers le centre de la terre, la pression qu'exerce sur les muscles de notre main ou de notre bras un corps libre que nous empêchons de tomber; la pesanteur n'est qu'un mot dont nous désignons, par un reste de superstition métaphysique, l'ensemble de ces phénomènes; la science positive ne connaît et ne peut connaître que les phénomènes eux-mêmes, et elle se propose uniquement de

ramener ces faits à leurs relations générales et à
leurs lois. Par là la physique est encore une
science de rapports, une science abstraite en un
sens, mais comme ces rapports sont sensibles,
donnés dans l'expérience, et par la seule expérience, elle est bien une science de la réalité, une
science concrète.

Parmi les changements, les phénomènes qui
résultent de l'action réciproque des corps les uns
sur les autres, il en est qui n'altèrent pas d'une
façon essentielle la nature de ces corps; si je
soumets à l'action de la chaleur une barre de
fer, par exemple, je pourrai constater qu'elle
augmente de longueur, et si je porte sa température à un degré plus élevé je pourrai la voir passer
au rouge d'abord, au blanc ensuite; mais sa
nature intime n'aura pas changé, car si je la laisse
ensuite se refroidir, non seulement elle reprendra
sa forme et sa couleur premières, mais elle aura
conservé toutes ses autres propriétés : elle aura
toujours le même poids, la même densité spécifique, les mêmes qualités conductrices de la chaleur et de l'électricité. Mais si je laisse séjourner
cette même barre de fer dans l'eau, ou si je l'expose seulement à l'humidité, je verrai se former
à sa surface, en couche plus ou moins épaisse, un

certain corps, la rouille, et si je détache cette
couche je ne lui trouve plus du tout les propriétés
du fer : elle n'a pas la même couleur, ni la même
densité spécifique, ni la même conductibilité; en
réalité je me trouve en présence d'un corps nouveau qui s'est formé aux dépens du premier et par
sa combinaison avec l'oxygène de l'eau, ou de la
vapeur d'eau en suspension dans l'air. L'action
de l'oxygène sur le fer n'est plus seulement une
action physique, c'est une action plus profonde. Si
je répète l'expérience et si à chaque fois je pèse à
l'aide d'instruments appropriés les quantités de
fer et d'oxygène qui sont entrées dans la combinaison, je trouve que ces quantités sont toujours
dans les mêmes proportions l'une par rapport à
l'autre. La science qui étudie les changements
intimes dans la constitution des corps, qui
recherche les proportions et les lois de ces combinaisons, c'est la *chimie*. Son objet propre est
d'expliquer tous les corps comme des composés
dans lesquels entrent un petit nombre de corps
simples qui représentent les éléments constitutifs
de toute matière. Comme science de ces corps simples, qualitativement distincts et définis, la chimie
est une science concrète; mais en tant qu'elle
étudie les lois de leurs combinaisons, elle est, elle

aussi, une science de rapports, une science abstraite; et l'on comprend ainsi qu'Herbert Spencer
ait nommé sciences *abstraites-concrètes* les sciences
physico-chimiques.

* *
*

La science de la nature s'achève par la connaissance des êtres; un être est un système particulier,
défini, de propriétés et de qualités. Un cristal, une
plante, un animal sont des êtres, mais on voit déjà
par ces exemples combien ce mot d'être est général
et combien il importe de distinguer : un cristal
abandonné à lui-même dans les conditions ordi-
naires ne grandit pas comme la plante, ne se
remue pas comme l'animal, ne se reproduit pas
comme l'animal et la plante : il n'a ni sensation
ni mouvement, il ne vit pas. Cette distinction est
ancienne et n'est pas autre que celle des trois
règnes, du règne *minéral*, du règne *végétal* et du
règne *animal*. Toutefois si la science moderne a
cru devoir maintenir le règne minéral comme
distinct, il n'en est pas de même pour les deux
autres : c'est en effet une des grandes découvertes
scientifiques que celles de la parenté fondamentale
de l'animal et de la plante. Toutes les différences

s'effacent devant le caractère commun à l'un et
l'autre d'être des vivants, c'est-à-dire des êtres
organisés s'entretenant eux-mêmes, s'accroissant
par des emprunts faits au milieu physique et par
l'assimilation de ces matériaux empruntés, se reproduisant par la création d'êtres semblables, jusqu'au
moment où leurs éléments, incapables de maintenir entre eux plus longtemps l'unité vitale, se
désagrègent pour retomber à l'état de matière brute.
L'ancienne distinction des trois règnes a fait place
à celle de l'inorganique et de l'organique, des êtres
bruts et des êtres vivants. Les premiers font l'objet
de la *minéralogie*, les seconds font l'objet de la *biologie*. Or de même que la science des phénomènes
consiste à remonter par delà les faits particuliers
jusqu'aux lois générales qui les résument et qui
les expliquent, de même la science des êtres
consiste à remonter par delà les individus jusqu'à
des types généraux d'existence, des genres et des
espèces dont les individus ne sont que des cas
particuliers, et qui servent de cadres à une classification. La *minéralogie* est une classification des
espèces minérales, la *biologie* une classification
des espèces vivantes, une *biotaxie* : la *botanique*
classe les espèces végétales, la *zoologie* classe les
espèces animales.

Toutefois la science des êtres ne saurait consister simplement dans leur description et leur classification. Un être n'est vraiment connu que lorsqu'on l'a expliqué : or cette explication suppose, outre la connaissance de ses propriétés générales et particulières, la connaissance des lois qui ont amené la liaison, la rencontre, la composition de ces propriétés, qui ont présidé en d'autres termes à sa formation. Une science qui s'arrête devant les espèces et les genres comme devant des composés irréductibles est une science incomplète, car ces espèces et ces genres posent à leur tour autant de problèmes. Le grand progrès de la science naturelle moderne a été précisément de ne considérer la classification que comme le point de départ d'une explication plus haute et plus complète qui remonterait jusqu'aux lois de la formation et du devenir des êtres. Dès lors le problème de la formation des minéraux étant le même que celui de la formation de la planète même dont ils font partie, c'est-à-dire de la terre considérée comme leur masse et leur ensemble, la minéralogie s'achève et se complète par la *géologie*. La géologie n'est pas autre chose que l'histoire de la terre, l'explication de ses transformations par les lois générales physiques et chi-

miques qui régissent la matière. Elle nous montre
dans les minéraux les témoins et les résultats de
ces transformations. Par la géologie, la minéralogie se rattache aux sciences physiques : nous
verrons comment d'autre part la géologie se
rattache aux sciences de la vie.

La nécessité d'expliquer les espèces et les genres
organiques n'est pas moins évidente bien qu'elle
ait été pendant longtemps méconnue. Pendant
longtemps la classification a été le seul objet de
la science des êtres vivants : on croyait avoir
fait assez pour les expliquer quand on était
remonté par la comparaison de leurs caractères
semblables jusqu'à des types distincts d'organisation entre lesquels on se contentait de distribuer
et de répartir la variété infinie des individus
vivants. Quant à ces types eux-mêmes, on les
considérait comme immuables, primordiaux,
naturellement et éternellement distincts. Or la
science moderne, mieux informée, remonte par
delà ces types d'organisation jusqu'aux transformations dont ils ne sont eux-mêmes que les résultats. Elle étudie dans les êtres vivants les lois générales de la vie considérée comme un fait spécial
dont les organismes ne sont à des degrés divers
que les manifestations; en un mot elle explique

ces organismes en nous montrant leur histoire dans la suite des âges, les lois qui ont présidé à leur devenir. La science concrète des êtres s'achève et se complète par la science abstraite de la vie, et cette science générale fondée sur la comparaison de tous les modes d'organisation est la *biologie* proprement dite. Or la comparaison des êtres peut porter sur leur forme ou sur leurs fonctions. L'étude générale des formes organiques et de leur constitution c'est l'*anatomie*. Quant aux fonctions, elles font l'objet de la *physiologie*. L'anatomie et la physiologie constituent les éléments de la biologie; elles nous permettent de suivre les êtres vivants dans leur développement morphologique et fonctionnel.

Mais pour retrouver dans son entier l'histoire des formes vivantes et pour en établir autant que possible la série continue, la biologie doit sortir du domaine de l'observation directe. En effet, dans la nature telle qu'elle s'offre à la simple observation, les êtres vivants nous sont donnés comme spécifiquement distincts : une espèce animale nous apparaît réellement comme quelque chose d'arrêté, de fixe, un animal quelconque ne donnant jamais naissance qu'à un autre animal semblablement constitué, doué des mêmes organes et animé des mêmes instincts. En d'autres termes, ce qui est donné dans la nature c'est la discontinuité des formes organiques et à cet égard l'ancienne zoologie reproduisait exactement la nature; mais nous avons d'autres témoignages, et ces témoignages nous sont donnés précisément par la géologie. Parmi les témoins en effet que la terre nous fournit de son histoire, les plus instructifs sont les fossiles, vestiges d'espèces animales éteintes. C'est par l'étude de ces fossiles, dont on peut suivre les différentes transformations dans les couches successives de l'écorce terrestre, que la biologie peut retrouver, comme dans de véritables archives, la presque totalité des anneaux qui forment la chaîne des générations animales. Or cette étude des fossiles est la *paléontologie*. La paléontologie nous permet de suivre la comparaison des formes vivantes jusque dans la préhistoire, et ainsi elle est le complément nécessaire de l'anatomie et de la physiologie comparées. La paléontologie a encore l'avantage de nous montrer le lien qui existe entre l'histoire des formes animales et l'histoire de leur habitacle, la terre; elle nous montre ainsi le phénomène de la vie indissolublement lié aux vicissitudes de ses conditions physiques. Elle apporte par là une confirmation précieuse et comme une vérification des données de la physiologie et de l'anatomie générales et sert d'illustration aux hypothèses de la science de la vie. En résumé les *sciences naturelles* comportent deux subdivisions générales, la *minéralogie* et la *biologie*. La *minéralogie* en tant que science de description et de classification est la *minéralogie* proprement dite, en tant que science explicative c'est la *géologie*. De même la *biologie* décrit d'abord et classe les êtres vivants et est tout d'abord une *biotaxie* qui, selon qu'elle s'applique aux plantes ou aux animaux, donne naissance à la *botanique* et à la *zoologie*; mais elle veut en outre les expliquer : elle devient alors une science de la vie, ou *biologie* proprement dite, et elle se constitue à l'aide de sciences secondaires, la *physiologie* et l'*anatomie* générales ou comparées, et la *paléontologie*.

*
* *

Sciences mathématiques, sciences physiques, sciences naturelles, telles sont les sciences de l'univers ou du Cosmos, les sciences cosmologiques. Quelles sont maintenant les sciences qui se partagent l'étude de l'homme? Rappelons qu'il s'agit de l'homme moral, car considéré comme être physique, comme animal, l'homme relève des sciences de la nature. Nous pourrions donner à l'ensemble de ces études le nom général d'*Anthropologie morale*. Mais les phénomènes par lesquels se manifeste la vie morale de l'homme sont très divers et ont donné naissance à un grand nombre de sciences particulières. De même que dans les faits de l'ordre naturel, nous devons ici encore aller de l'abstrait au concret, des propriétés les plus générales de l'être moral à ses propriétés les plus dérivées et les plus particulières. Or il semble qu'une première distinction s'impose dans les phénomènes de la vie morale de l'homme. L'homme vit d'abord comme individu. Le fait général et caractéristique de la vie de l'esprit c'est la conscience. Or toute conscience est un *moi*. Là où manque ce sentiment d'individualité manque la conscience. Il y aura donc un premier groupe de sciences qui étudieront l'homme moral dans les différentes manifestations de son individualité consciente. Mais l'homme ne vit pas seul, il vit en société, et cette vie sociale donne lieu à des phénomènes nouveaux qui font l'objet d'un autre groupe de sciences. Les premières sont les sciences de la vie morale proprement dite et s'appellent *sciences morales*; les secondes sont les sciences de la vie sociale et s'appellent sciences *sociales*.

De toutes les sciences morales, la plus générale et la plus abstraite est celle qui étudie le fait de la vie morale par excellence, la conscience, l'être intérieur, le moi. Elle porte le nom de *psychologie*, qui signifie étude de l'âme. Mais il importe de ne pas se méprendre sur son véritable objet : l'âme considérée comme le principe de la vie intérieure ne saurait être objet de science. Sa réalité est hors des prises de l'observation interne. La conscience ne nous révèle que des manières d'être, des états, et non un être. Une psychologie positive rejette cette notion d'âme comme un reste de l'explication métaphysique : elle ne connaît et n'étudie que des faits, c'est-à-dire des états de conscience. Il y aurait donc avantage à changer un nom qui ne correspond plus à son objet : mais ce nom est consacré par un long usage et on perdrait plus qu'on ne gagnerait à le vouloir changer : il suffit de s'entendre sur son vrai sens.

La psychologie donc se propose l'étude des faits de conscience. Comment cette étude sera-t-elle comprise? Il y aura d'abord une psychologie analytique et descriptive qui consistera dans la description de l'homme moral, dans l'analyse des phénomènes de la vie intérieure, dans leur distinction et leur classification. Or il est évident que pour cette analyse de la vie consciente la simple observation de soi-même, la simple réflexion suffit. Chacun de nous porte en lui-même les caractères essentiels de l'être moral, et la simple attention à ce qui se passe en nous suffira pour nous révéler ce qu'il y a en nous d'humanité morale. Cette psychologie sera donc basée sur l'expérience interne, sur la conscience, sur la connaissance que le sujet peut prendre de lui-même. Ce sera une *psychologie subjective.*

Mais décrire la conscience, analyser, décomposer, classer ses phénomènes ce n'est pas les expliquer. Or c'est là précisément l'objet de la science. En quoi peut consister cette explication? Il faut renoncer à invoquer l'ancienne explication par une âme et de prétendues facultés. Pas plus que l'âme, les facultés ne nous sont données dans la conscience. Les facultés jouent dans l'explication des faits de conscience le même rôle que les vertus spécifiques dans la physique du moyen âge. Ce sont des causes métaphysiques que la science positive doit rejeter de l'étude de l'homme, comme elle les a exclues de l'étude de la nature. Ce n'est

pas expliquer nos sentiments que de faire appel à
une faculté de l'âme appelée sensibilité : c'est là
le fait d'une psychologie paresseuse et à la vue
courte. La seule explication que puisse admettre
la science positive est celle qui dérive tous les faits
de conscience d'un petit nombre de faits généraux,
peut-être d'un seul, en se servant pour cela des
relations nécessaires et constantes qui existent
entre ces faits. En d'autres termes, la science de
l'homme moral doit emprunter leur méthode et
leur mode d'explication aux sciences de la nature
physique : elle ne peut expliquer la conscience que
par le mécanisme de ses lois propres et par les
transformations d'un fait psychique primitif et
fondamental.

Or il est certain que pour une telle explication
la méthode subjective de l'expérience interne ne
suffit plus : car elle fournit un champ d'observation beaucoup trop restreint, et par suite une base
beaucoup trop étroite à l'induction. C'est précisément pour s'être tenue exclusivement à cette
méthode de l'introspection que l'ancienne psychologie s'est arrêtée net et court dans son explication
de la vie consciente. Certes, les données de l'observation intérieure sont nombreuses et riches. La
moindre attention à ce qui se passe en nous nous

révèle un monde de sentiments, de désirs et d'idées.
Mais tout cela nous est présenté confusément, et
en quelque sorte sur le même plan. L'analyse, il
est vrai, peut dissiper cette confusion et ramener
cette variété infinie à un petit nombre de faits
types; mais les ressources de l'analyse directe sont
limitées : elle ne peut unifier ce qui est donné
comme distinct dans la conscience; elle nous conduit ainsi à considérer comme premier tout ce
que la conscience nous révèle comme irréductible.
Chaque psychologue tend à considérer sa propre
conscience comme le type à la fois premier et définitif de l'humanité morale et à concevoir par là
l'esprit humain comme une essence immuable
dans sa nature. Or il y a là une double erreur. Le
psychologue qui ne connaît que lui-même ne
peut tout d'abord faire dans sa conscience le
départ de ce qui lui est particulier, propre à son
individualité et de ce qui est vraiment général et
humain. Il faut pour cela qu'il sorte de lui-même,
qu'il connaisse ses semblables pour dégager par la
comparaison ce qui leur est commun à tous et ce
qui par suite est vraiment caractéristique de
l'homme.

Cette comparaison de l'homme avec l'homme
moral est féconde en enseignements. Non seule-

ment elle dissipe l'illusion par laquelle le sujet se pose lui-même comme l'étalon et le modèle de l'humanité tout entière ; mais encore en lui montrant, soit autour de lui-même, soit dans les divers pays, des exemplaires très différents de l'esprit humain, elle nous donne la notion d'une conscience humaine non plus immuable et rigide, arrêtée dès le premier jour, mais souple, vivante, s'enrichissant peu à peu par un progrès continu, et elle nous met ainsi sur la voie d'une véritable explication de la vie morale. Ce changement, ce devenir de la conscience nous frappe tout d'abord dans l'individu lui-même où nous voyons la conscience passer de l'enfance à la vieillesse, par des phases, par des vicissitudes de formation lente et incertaine, de maturité ferme, puis de décadence et de déclin : mais il nous frappe beaucoup plus si nous étendons plus loin notre vue dans le temps et dans l'espace. Dans le temps, l'histoire nous révèle une humanité aux sentiments d'abord très simples, aux idées bornées se compliquant peu à peu, par l'expérience accumulée des générations, de notions nouvelles, de sentiments inconnus, s'épanouissant en des états de civilisation de plus en plus riches de vie morale et reproduisant dans son progrès les mêmes phases par lesquelles passe la conscience individuelle; dans l'espace, si nous portons nos regards au delà des limites étroites de notre monde civilisé, nous trouvons dans certaines tribus sauvages comme les témoins attardés d'une humanité primitive, et la preuve vivante de l'évolution dont notre propre civilisation est le résultat. — Grâce à la géologie même nous pouvons nous enfoncer jusque dans la nuit de la préhistoire, surprendre l'humanité à son berceau, et saisir par les témoignages conservés dans les terrains quartenaires (armes, outils, grossières ébauches d'art) la conscience rudimentaire de l'homme des cavernes. — Enfin l'homme n'est pas le seul être en qui l'on trouve la conscience. Chez certains animaux supérieurs nous saisissons déjà certains faits de sentiment, de mémoire, qui ne s'expliquent que par la supposition d'une certaine vie intérieure. Ces animaux représentent déjà des ébauches, des promesses de l'humanité, et une psychologie soucieuse de remonter jusqu'au fait psychique vraiment premier et élémentaire ne saurait négliger de tels témoignages, qui sont au contraire pour elle de la plus haute importance.

En abandonnant l'expérience subjective et interne pour l'observation objective, en étendant cette observation à tout ce qui dans le temps ou dans l'espace témoigne d'une vie consciente et morale, la psychologie peut vraiment résoudre son problème, qui est de montrer comment, suivant quelles lois, se sont lentement formés dans la conscience humaine ces notions, ces pouvoirs qui apparaissent tout d'abord comme innés, et appliquer ces lois à l'explication de l'homme moral tout entier tel qu'il se révèle à lui-même dans un acte de réflexion. La psychologie devient alors vraiment explicative, rattachant cet exemplaire particulier d'humanité qu'est l'homme civilisé de nos jours à l'histoire de l'espèce tout entière, et même par delà l'espèce jusqu'aux êtres qui la préparent et qui l'annoncent, expliquant le présent de l'homme par le passé, nous faisant voir l'humanité, suivant le mot célèbre de Pascal, « comme un seul homme qui vit toujours et qui apprend continuellement ».

Une explication plus complète encore serait celle qui, non contente de remonter jusqu'au fait psychique primitif et rudimentaire, chercherait dans la vie organique même les racines de la vie consciente. Une telle recherche n'est pas impossible. Il est certains faits de la vie morale comme les émotions par exemple, dont la liaison nous paraît évidente avec certains phénomènes de l'activité nerveuse,

d'autres comme les sensations qui supposent
l'exercice de certains organes définis, les organes
des sens, et aussi certaines conditions physiques
d'excitation ou d'impression ; d'une manière générale même, le fait de la conscience suppose
comme condition l'activité d'un organe particulier,
le cerveau. On peut concevoir un ensemble
d'études ayant pour objet de saisir ce qu'il y a de
constant, de nécessaire, dans ces relations de la vie
morale avec la vie organique et physique, et four-
nissant ainsi une précieuse contribution à la solution du problème psychologique : or ces recherches ne pourraient se faire que suivant la méthode
objective des sciences physiques, par l'observation
attentive des manifestations de la vie consciente et
de leurs conditions organiques ou physiologiques.

Considérée donc sous ce nouvel aspect, comme
une tentative pour expliquer d'une façon scientifique et positive les faits de l'ordre moral, la
psychologie devient une science *objective* qui pose
l'esprit humain en face de lui-même comme un
être naturel dont il s'agit de retrouver les origines et de retracer la genèse. Cette *psychologie
objective* se subdivise en une foule de sciences
secondaires dont chacune lui apporte ses informa-
tions propres et les matériaux de ses comparai-

sons. Il y a ainsi une *psychologie comparée de l'homme* aux différents âges de sa vie individuelle (psychologie de l'enfant, de l'adulte, du vieillard), une psychologie comparée de l'homme considéré dans ses différents états de civilisation et aux différents âges de l'humanité, tels que nous les révèlent l'histoire et la préhistoire, une *psychologie de l'animal*; et lorsqu'il s'agit de connaître les rapports du moral avec le physique, nous voyons apparaître deux sciences nouvelles : la *psychophysiologie*, qui étudie la liaison des faits mentaux avec l'activité organique en général, et plus particulièrement avec l'activité nerveuse; la *psychophysique*, qui étudie surtout la liaison de nos sensations avec leurs conditions physiques d'excitation. Ces études achèvent véritablement la science de l'homme moral puisqu'elles expliquent le cas particulier et complexe d'une conscience individuelle par l'évolution d'un fait psychique simple et élémentaire, dont elle suit les transformations nécessaires dans l'histoire de la conscience humaine, puisque ce fait psychique lui-même, elle entrevoit tout au moins la possibilité de le rattacher au fait beaucoup plus général de la vie organique.

La psychologie nous enseigne que les trois faits

essentiels de la vie morale sont le sentiment, la
connaissance, l'action; elle les étudie à son point
de vue, comme des modes particuliers de l'activité consciente : or c'est un besoin pour l'esprit
humain de concevoir pour chacun de ces modes
d'activité, une fin idéale, sur laquelle se règle leur
exercice; c'est ainsi que le beau est posé comme
l'idéal de la sensibilité, le vrai comme l'idéal de
la connaissance, le bien comme l'idéal de l'action.
Le sentiment se développant sous la loi du beau
a donné naissance à l'art, la connaissance se
développant sous la loi du vrai a créé la science,
l'action réglementée par la loi du bien c'est la
moralité. L'art, la science, la moralité sont les
trois manifestations essentielles de la vie morale
correspondant aux trois fonctions principales de
l'homme moral. Or on peut concevoir ces créations de l'esprit humain comme les objets d'autant
de sciences qui essaient d'en donner une explication positive. Ces sciences seront l'*esthétique*, la
logique, la *morale* proprement dite. Mais il faut
s'entendre sur leur véritable problème. L'esthétique, au sens positif du mot, ne saurait être une
théorie du beau absolu : le beau pour la science
n'existe pas comme une chose en soi; il est insé-
parable du sentiment qui le crée et il ne représente

que la loi suivant laquelle le sentiment se développe : l'esthétique sera donc une théorie du sentiment du beau telle qu'elle se dégage de la comparaison des diverses conceptions de la beauté réalisées par l'art aux différentes époques. De même la logique ne saurait être une théorie de la vérité conçue comme un idéal abstrait de l'intelligence, mais beaucoup plutôt une théorie de la recherche de la vérité, une théorie de la science considérée dans les procédés et les méthodes qu'elle applique à la découverte du vrai (*méthodologie*). Enfin la morale n'est pas davantage la science d'un bien en soi : elle est la recherche de la règle de la conduite fondée sur la considération de la nature de l'esprit humain, de ses mobiles les plus généraux, et aussi sur la comparaison des mœurs : c'est une science des mœurs et des sentiments moraux.

Mais la vie morale de l'homme resterait limitée à la conscience individuelle et par conséquent singulièrement bornée si elle ne se manifestait au dehors par certains signes dont l'ensemble constitue ce qu'on appelle le langage. On ne saurait exagérer l'importance du langage pour le progrès de l'homme moral. Les anciens appelaient les bêtes *muta*, c'est-à-dire des êtres muets, des

êtres qui ne parlent pas, pour les distinguer de
l'homme. Nous savons aujourd'hui que les bêtes,
si elles n'ont pas la parole, ont cependant un langage, sans quoi elles ne seraient même pas des
bêtes : ce qui est certain toutefois, c'est que le langage, s'il est l'œuvre lui-même de l'esprit humain,
a été, une fois créé, un des agents les plus actifs
de son perfectionnement. Une science complète de
l'homme moral doit donc se proposer l'étude du
langage. Cette étude du langage, considéré comme
un système de signes, de moyens d'expression, ne
doit pas être confondue avec l'étude des langues,
c'est-à-dire de certains moyens d'expression. Le
nom qui convient le mieux à sa généralité est le
nom de *séméiologie* ou le nom plus récemment
employé de *sémantique*. Or la science du langage
ne doit pas être purement descriptive, c'est-à-dire
consister dans une simple répartition des moyens
d'expression en langues, et en familles de langues; elle doit être encore explicative, c'est-à-dire
montrer comment ces langues se sont formées
comme des systèmes d'expression distincts et
complexes par l'évolution de certains phénomènes
d'expression naturels et élémentaires : le langage
est ainsi expliqué à la façon d'un être naturel à la
fois dans sa constitution et dans sa genèse; la

séméiologie comporte donc deux divisions fondamentales : la *linguistique* et la *grammaire comparée.*

Tel est l'ensemble des sciences morales. On
voit maintenant pourquoi on les appelle aussi
quelquefois *sciences philosophiques*. C'est que
l'étude de l'homme moral, de sa nature, de ses
pouvoirs, et aussi de sa destinée morale, a été
pendant longtemps étroitement liée au problème
philosophique général de l'explication des choses.
Aujourd'hui encore ces sciences, par la force
d'une tradition plusieurs fois séculaire, entrent
pour la plus grande part dans ce que l'on désigne
sous le nom général de *Philosophie*. Mais une
classification des sciences doit dissiper cette confusion et maintenir au mot philosophie son vrai
sens qui est celui-là même que nous donnons au
mot de métaphysique. La philosophie est proprement l'explication dernière de l'univers, de la
nature et de l'homme.

*
* *

Le langage est un fait de la vie morale de
l'homme : mais il est aussi un fait de sa vie sociale
en ce sens que seul il rend la vie sociale possible,

Le langage fait donc le passage de l'individu à la société. L'homme vit dans la société de ses semblables. Or de cette association sont nés certains faits nouveaux qui sans doute ont leurs éléments dans la nature des individus, mais qui néanmoins diffèrent grandement de ceux dont les individus sont le théâtre. Il est certain par exemple que, si les légendes populaires, les traditions religieuses, etc., ont leurs causes dernières dans l'imagination, dans le besoin d'idéal qui se manifestent dans l'homme, jamais cependant l'imagination ni le besoin d'idéal n'auraient pu dans un homme isolé de ses semblables enfanter de telles créations. Le rapprochement, la vie collective d'êtres moraux a donc, par un véritable phénomène de combinaison, produit des faits nouveaux et qualitativement distincts de ceux que l'on pourrait trouver dans chacun d'eux : ces faits sont les faits sociaux et font l'objet de ce groupe de sciences que nous avons appelées des sciences sociales. Ils sont très nombreux, très divers et donnent lieu à autant de sciences distinctes. Nous ne les suivrons pas dans leur détail infini : nous nous contenterons d'en déterminer les manifestations essentielles.

De toutes les manifestations de la vie collective, la plus générale peut-être, celle qui est la plus caractéristique de la collectivité, consiste dans l'existence d'un certain nombre d'idées et de sentiments communs que les générations se transmettent les unes aux autres, et qui assurent à la fois l'unité et la continuité de cette vie collective. Telles sont les légendes populaires, les traditions religieuses, les tendances artistiques et philosophiques, les croyances nationales, etc. Un autre effet non moins significatif de la vie sociale est l'existence de certaines contraintes, de certaines maximes auxquelles la société empêche qu'on désobéisse par des mesures précises, et par la force. Il n'y a pas de sociétés sans lois ni sanctions. L'ensemble des formules par lesquelles s'exprime ce commandement social est *le droit*. D'autre part il n'y a pas de commandement social possible ni efficace là où la société n'est pas organisée, c'est-à-dire là où le pouvoir de commander et de contraindre n'est pas une fonction distincte réglementée par une constitution. L'établissement des *sociétés politiques* apparaît comme un des faits sociaux les plus importants. Mais une société n'est pas seulement la mise en commun de sentiments et d'idées : elle est aussi la mise en commun de besoins et d'intérêts. Le jeu de ces intérêts et de ces besoins donne naissance à certains phéno-

mènes comme celui de la richesse avec tous ceux
qui s'y rattachent, et qu'on appelle des *phénomènes
économiques*. Tels sont les faits sociaux essentiels.
Voyons maintenant quelles sont les sciences
sociales correspondantes.

Toutefois une remarque préliminaire s'impose.
Tous ces faits ne peuvent nous être connus et
révélés que par l'observation : seulement la nature
de ces faits en rend l'observation directe presque
impossible : les phénomènes de la vie sociale
sont répartis sur une longue durée et consistent
en des changements lents qui ne sont saisissables
qu'à un observateur lointain capable d'embrasser
d'un seul coup d'œil leur succession. Nous ne
pouvons pas nous rendre compte des changements
sociaux qui se font autour de nous parce qu'ils
sont insensibles. Il faut pour en juger un certain
éloignement : il s'ensuit que l'observation des
faits sociaux reposera sur un ensemble de témoignages. Il faudra chercher dans le passé les manifestations de la vie collective, et ainsi les sciences
sociales seront essentiellement des *sciences historiques*. L'histoire des mythes, l'histoire des légendes,
l'histoire des religions, des arts, etc., constitue-
raient un premier groupe. Mais on peut aussi, au
lieu d'étudier séparément ces différents ordres de

faits dans toutes les sociétés où ils se rencontrent, on suivre le développement et la marche au sein d'une société politique définie, de ce que l'on appelle un peuple, une nation, un état. C'est alors ce que nous appelons l'*histoire* proprement dite : l'histoire nous raconte comment une société s'est constituée, par quelles vicissitudes elle a passé ; elle nous dit ses luttes intérieures ou extérieures, ses guerres, ses traités, ses institutions, ses mœurs, ses croyances, ses monuments, etc. ; l'histoire tient le milieu entre la science sociale proprement dite et la science politique. — Puis vient la *science du droit*, c'est-à-dire des institutions juridiques. L'étude des sociétés politiquement organisées, faite plus spécialement au point de vue de leur constitution et de leur fonctionnement, est l'objet de la *science politique*. — Enfin l'*économie politique* est la science qui étudie dans les faits sociaux le mécanisme des intérêts et des besoins, le phénomène de la richesse qui en est le corollaire, les différentes lois qui régissent la production, la circulation ou l'échange, la consommation de la richesse.

Toutefois ces sciences ont encore le caractère de sciences particulières et de détail. Il y a une science plus haute et vraiment explicative qui se

propose de dégager de tous les faits sociaux ainsi
déterminés, groupés et liés entre eux, les lois
générales de l'association humaine. Aux yeux de
cette science l'humanité tout entière n'est qu'une
société plus vaste que les autres, dont les autres
ne sont pour ainsi dire que des éléments, et au
sein de laquelle nous pouvons saisir le fait social
dans sa généralité la plus haute. Cette science est
la science sociale par excellence, c'est la *sociologie*.
De même, maintenant, que, par une tradition per-
sistante, on appelle les sciences morales des sciences
philosophiques, de même on donne aussi aux
sciences sociales le nom de sciences politiques.
C'est en effet la politique qui est la plus vieille
en date de toutes les sciences sociales, puisque
nous la trouvons déjà constituée chez Platon et
chez Aristote. C'est par respect pour cette tradition que l'on persiste à donner à tout un groupe
de sciences un nom qui ne convient en réalité qu'à
l'une d'entre elles.

Tel est, ramené à ses linéaments essentiels, le
tableau de la science et du savoir scientifique. On
voit que rien dans la nature ou dans l'homme
n'échappe à la science positive. Elle suit la nature
depuis les propriétés les plus simples des êtres
jusqu'à leurs manifestations les plus complexes ;

elle embrasse l'homme dans tout le détail de sa vie morale et sociale. Que nous apprend-elle dès lors sur tout cela? Quelles sont ses conclusions dernières relativement à l'homme et à la nature? C'est ce qu'il y a lieu de se demander maintenant.

III

La philosophie des sciences. — Les conclusions dernières de la science : les grandes hypothèses scientifiques.

Pour qui veut apprécier équitablement la place et la portée véritables de la science positive, il ne suffit pas d'avoir défini son esprit, sa méthode, son objet, ses divisions principales, il convient encore de l'interroger sur ses résultats, sur les vérités les plus générales et dernières qu'elle nous enseigne ou nous laisse entrevoir concernant la nature et l'homme et leurs rapports. Une telle étude, quand on est forcé de l'enfermer dans un cadre limité, ne peut manquer de présenter quelque chose de nécessairement vague et incomplet; il ne peut être en effet question ici de tracer une encyclopédie du savoir scientifique : l'esprit

d'un Aristote ou d'un Leibniz y suffirait à peine.
Aussi bien ce qui nous intéresse plus particulièrement dans la science, pour le dessein que nous
poursuivons, c'est beaucoup moins le détail de ses
découvertes que ses conclusions les plus hautes,
celles par lesquelles elle s'achève comme système
d'explication universelle dans les limites de la
réalité sensible qui reste son objet. En toute science,
au-dessus des vérités de détail qu'elle enseigne,
se rencontre un ensemble de vérités plus générales
qui les résument en des formules plus vastes, plus
compréhensives : c'est ce qu'Auguste Comte
appelle la philosophie de chaque science. Il y a
ainsi une philosophie de l'astronomie, de la
physique, de la chimie, etc. Mais on peut concevoir, par delà ces synthèses particulières à chaque
science, une synthèse plus générale qui serait
comme la condensation de toute la science, d'un
mot une *philosophie des sciences.*

Mais une sorte de question préalable peut nous
être dès l'abord opposée : cette synthèse, rêvée et
réalisée d'une façon grandiose par le fondateur
même du positivisme, est-elle possible, ne dépasse-
t-elle pas les limites du savoir positif, et peut-elle
se donner pour l'extension et le prolongement
légitime de la science? ne perd-elle pas en solidité

ce qu'elle espère gagner en généralité, et n'y a-t-il pas un danger certain pour la science à poursuivre à travers des hypothèses et des conjectures peut-être chimériques une unification que la réalité et l'expérience ne justifieraient pas? Nombre de savants l'ont pensé et ont vivement reproché à Auguste Comte sa conception d'une philosophie des sciences, comme une sorte d'infidélité à l'esprit positif et un dernier vestige de superstition métaphysique. Le reproche est piquant, adressé à celui qui a érigé en dogme la négation même de la métaphysique; mais il est injuste. Sans doute l'attachement aux faits et à l'expérience est la première condition de toute science, et la spécialisation de la recherche en des études patientes, minutieuses de la réalité, indépendantes de toute conception générale à priori, est indispensable à son avancement et à son progrès. Toutefois c'est singulièrement rapetisser l'idée de la science que de l'astreindre à se traîner exclusivement dans le détail des faits sans jamais élargir son horizon par quelque vue d'ensemble; c'est même en un sens la défigurer, la fausser, la nier même. C'est qu'en effet il n'y a pas de science possible sans la supposition que les phénomènes donnés par l'expérience comme distincts, sont liés entre eux :

la science n'a d'autre objet, d'autre raison d'être que de dégager, de noter et de formuler ces liaisons. C'est en vertu de cette supposition que le physicien poursuit dans sa sphère la liaison de certains faits qui nous apparaissent tout d'abord comme tout à fait hétérogènes : ainsi la chute des corps et l'ascension des ballons. Lorsque s'élevant d'un degré au-dessus de l'expérience directe, il conçoit l'unité de la matière sous la diversité de ses propriétés, il ne fait que poursuivre dans le même sens l'œuvre de la science proprement dite; et lorsque enfin, sortant de la sphère propre de ses recherches, il s'élève jusqu'à l'idée d'une communauté de nature entre les faits physiques et les faits chimiques, lorsqu'il voit dans les uns et les autres des modes divers du mouvement, il obéit encore au même besoin scientifique qui est de supposer l'unité, là même où l'expérience nous montre la diversité.

Si donc on la réduisait à un ensemble de recherches isolées et distinctes, la science ressemblerait à un amas de matériaux qui attendent l'architecte pour devenir un édifice. Elle achèterait la certitude de ses vérités au prix de leur incohérence et on peut se demander si un tel chaos mériterait vraiment le nom de science. La vraie raison d'être

de chaque science se trouve ainsi dans le but final
auquel elle concourt, et ce but est un, c'est l'explication de l'univers. En conséquence ce n'est pas
manquer à l'esprit de la science que de dégager
par une vue d'ensemble la somme de vérités que
chaque science apporte à l'œuvre totale, et de
chercher entre ces vérités la liaison systématique
qui est postulée par l'esprit humain. La seule loi
que l'on puisse imposer à un tel travail c'est de
se faire toujours dans le sens indiqué par l'expérience, et jamais à contresens, c'est de ne jamais
aller contre les faits qu'il prétend dépasser.

Mais, objectera-t-on, est-il permis d'appeler
du même nom de « science » les résultats certains,
éprouvés, démontrés, de la recherche expérimentale, et les hypothèses plus ou moins conjecturales
d'une philosophie naturelle? la science positive
ne s'arrête-t-elle pas où cesse la vérification expérimentale ou la démonstration logique? Rendons
grâces à tous ceux qui sont grands dans la science
de n'avoir pas eu de tels scrupules, car il n'est
pas un d'entre eux qui ne soit grand précisément
pour avoir dépassé par l'intuition du génie ou la
hardiesse du raisonnement les données de l'expérience. D'une manière générale la facilité de vérifier par l'expérience une loi physique est en raison

directe de son insignifiance, et en raison inverse
de son importance, c'est-à-dire de sa généralité.
Rien de plus facile à vérifier que la loi de la dila-
tation; mais rien de plus difficile à vérifier que
la loi de l'attraction universelle. Il ne faudrait pas
croire en effet qu'on a vérifié cette loi lorsqu'on
a constaté son accord avec certains faits de pesanteur ou même avec les mouvements des astres.
Un tel genre de vérification ne serait qu'un cercle
vicieux. En effet ce sont précisément ces faits de
pesanteur, ces mouvements des corps célestes qui
ont mis Newton sur la voie de sa découverte. Un
des rares cas de vérification proprement dite que
l'on en puisse citer c'est la découverte que fit
Le Verrier de la planète Neptune, par des calculs
fondés sur l'hypothèse newtonienne. La loi de la
gravitation universelle au moment même où
Newton la formula n'était qu'une hypothèse qui
est devenue une loi à mesure qu'on a pu expliquer
par elle un plus grand nombre de faits, sans elle
inexplicables. La vérification d'une hypothèse ne
peut se faire que par d'autres faits que ceux qui ont
servi à la fonder : il s'ensuit qu'à mesure qu'on
s'élève vers des hypothèses de plus en plus générales, c'est-à-dire qui embrassent un nombre de
faits de plus en plus grand, il devient de plus en

plus difficile de trouver le mode d'expérience dont
on pourrait attendre la vérification. Si la science
arrivait un jour à trouver la loi unique qui rendît
compte de tous les phénomènes, cette loi serait
par sa nature même invérifiable, car il nous faudrait concevoir pour la vérifier un autre terrain
d'expérience que la réalité même qui nous en
aurait fourni le type, et nous ne pouvons absolument pas sortir de notre monde de phénomènes.

Est-ce à dire cependant que la science doive
s'interdire de remonter jusque-là ? Ce serait de sa
part un aveu d'impuissance qui frapperait de
stérilité tous ses efforts antérieurs. Rien de plus
variable d'ailleurs que l'idée que l'on peut se faire
de la possibilité d'une vérification. A cet égard ce
qui est impossible aujourd'hui peut être possible
demain. Nos moyens d'expérimentation se multiplient avec le progrès même de la science. L'hypothèse que la planète Mars est habitée, invérifiable
dans l'état actuel de la science, sera peut-être
reconnue demain comme une vérité par l'invention
de quelque procédé d'investigation dont nous
n'avons même pas l'idée. Jusque-là, si nous n'avons
pas le droit de l'affirmer comme vérité démontrée,
nous avons le devoir de l'admettre comme une
des possibilités que la science autorise et ouvre à

l'esprit humain. Il n'y a de vraisemblablement impossible aux yeux de la science que ce qui est contraire aux faits ou logiquement absurde; dans les limites de ce que l'expérience et la raison autorisent, la science peut poursuivre en toute liberté son travail d'explication et d'unification. Non seulement elle le peut, mais encore elle le doit, car c'est à cette seule condition qu'elle peut être proposée à l'homme comme une œuvre digne de lui, comme capable d'absorber son activité et de satisfaire son besoin de connaître.

En résumé donc, la conception d'une philosophie des sciences non seulement est légitime, mais encore apparaît comme le couronnement nécessaire de l'édifice scientifique. C'est une sorte de science idéale par laquelle s'achève et s'unifie le savoir positif. Au point de vue même où nous nous sommes placés, elle est ce qui doit le plus nous intéresser. Il s'agit pour nous en effet de juger la science comme mode universel d'explication. Or il serait souverainement injuste de tirer argument contre elle de ce qu'elle peut avoir d'incomplet et d'inachevé. Nous devons la juger bien moins d'après ses résultats actuels que d'après ceux qu'elle nous laisse entrevoir au terme de son explication. C'est pour avoir méconnu envers elle

ce devoir d'équité qu'on a pu l'accuser d'avoir fait
banqueroute. L'œuvre scientifique est une œuvre
de longue haleine et qui a besoin d'un crédit illimité. Peut-être même ne pourra-t-elle jamais être
achevée? Elle n'en poursuit pas moins un idéal
qui est sa vraie fin, et c'est d'après cet idéal que
nous pouvons estimer sa véritable valeur explicative. C'est en nous plaçant au point de vue de ses
conclusions dernières, sinon telles qu'elle les formule dès à présent, du moins telles qu'elle autorise à les concevoir à titre d'hypothèses légitimes,
que nous pourrons le mieux apprécier le savoir
positif comme une réponse aux curiosités de
l'esprit humain, que nous serons le mieux en état
de décider s'il est de nature à les satisfaire pleinement, ou si au contraire il ne méconnaît pas quelques-uns des problèmes fondamentaux qui appellent impérieusement une solution.

*
* *

De quelle façon est-il possible maintenant de
marquer à l'avance les grandes lignes de cette
science idéale et achevée? On le peut, semble-t-il,
en s'inspirant de l'esprit même de la science positive et de son programme tels que nous les avons

définis et tracés. La caractéristique de l'esprit
positif, c'est la subordination constante de l'imagination à l'observation, la substitution des causes
naturelles et réelles aux causes métaphysiques et
imaginaires, la liaison de tous les phénomènes en
lois de plus en plus générales résultant de leur
nature même, l'enchaînement mécanique de toutes
les existences selon des rapports nécessaires de
cause à effet, en allant des plus simples et des plus
généraux aux plus complexes et aux plus particuliers. — La science positive se propose donc de
tirer d'un minimum de réalité donnée ou supposée
telle, le maximum d'effets et le plus grand nombre
de réalités possibles, de façon à retrouver au
terme de son explication le monde concret tout
entier, non seulement le monde naturel, mais
encore le monde moral et l'humanité considérée
comme le résultat ultime de l'évolution cosmique.
La science, en dernière analyse, reprend pour son
compte et dans toute son universalité le problème
de l'antique philosophie : elle est une genèse du
monde, une cosmogonie, suivant les lois du mécanisme naturel considéré comme le mode de l'universel devenir.

Or quelles sont sur tout cela, sinon les *données*
actuellement certaines, du moins les *vues* de la

science les plus conformes à son principe d'explication et à sa méthode? Il nous faut suivre pour cela la science dans son progrès depuis le moment où elle porte sur les lois les plus générales de la nature et les modes d'existence les plus simples jusqu'aux faits les plus concrets, et jusqu'aux existences les plus complexes. Notre classification des sciences, fondée précisément sur le principe de la subordination du concret à l'abstrait, nous servira ici de fil conducteur, et nous n'aurons qu'à dégager pour ainsi dire de chaque groupe d'entre elles ce qu'elles apportent de vérités ou de vraisemblances essentielles.

Les plus abstraites des sciences mathématiques, la science de la grandeur calculable, et la science de la grandeur figurable, l'arithmétique et la géométrie nous renseignent peu sur la nature même de l'univers : en revanche elles posent les conditions les plus générales de toute réalité et par là même les principes et en quelque sorte les cadres de l'explication scientifique. La quantité avec ses déterminations qui sont le nombre et les lois des nombres, l'espace avec ses déterminations qui sont les figures et les rapports des figures entre elles, expriment la représentation la plus abstraite et en même temps la plus intelligible que nous puissions nous faire des choses. Les lois de l'objet se confondent ici avec les lois mêmes de l'intelligence, car les rapports mathématiques et géométriques ne sont pour ainsi dire qu'une logique appliquée. Une fois donnés ces cadres de toute intuition et de toute expérience, à savoir le nombre et la figure, l'esprit par le seul développement de ses nécessités internes détermine leurs lois et pose par là même les principes de toute intelligibilité. A partir de ce moment l'effort de la science doit tendre à ramener tous les rapports concrets et qualificatifs à des rapports abstraits et quantitatifs de mesure et de situation. La science positive reprend ainsi le programme cartésien d'une mathématique universelle et Auguste Comte n'a pas tort quand il se réclame de Descartes.

Avec la mécanique apparaît la première notion vraiment concrète, la notion du changement dans l'espace et dans le temps, la notion du mouvement. Le mouvement représente en effet le fait vraiment primordial de la réalité donnée. Or la science du mouvement considéré d'une façon abstraite, sans tenir compte de la nature physique des mobiles qui sont les corps, nous apprend trois vérités fondamentales : c'est d'abord que tout mouvement supposé isolé est rectiligne et uniforme :

il s'ensuit que là où le mouvement ne se produit
pas en ligne droite, ni avec une vitesse égale dans
des temps égaux, il faut supposer l'action com-
binée de plusieurs forces ou de plusieurs mouvements. C'est ensuite que partout où le mouvement
se trouve arrêté, il y a un mouvement égal et de
sens contraire qui produit cet arrêt : c'est ce que
l'on appelle le principe de l'égalité de l'action et
de la réaction. C'est enfin que pour un corps en
mouvement, dans lequel toutes les parties sont
également entraînées, le mouvement de ce corps
peut être considéré indépendamment de tous les
mouvements particuliers des parties les unes par
rapport aux autres : c'est ainsi que le mouvement
d'un bateau qui descend une rivière, par exemple,
n'est pas affecté par les mouvements des passagers
qui se trouvent dans le bateau, et peut être étudié
comme si les parties du système étaient immobiles ;
c'est le principe des mouvements composés. Telles
sont les lois les plus générales du mouvement
abstrait ; elles n'empruntent rien à la considération de la nature même des corps ; nous pouvons
imaginer dans la matière telles propriétés physiques qu'il nous plaira ; du moment où le mouvement est admis, nous ne saurions le concevoir
autrement que comme régi par ces principes. Les

vérités fondamentales de la mécanique, comme les axiomes de la mathématique, nous sont données beaucoup moins dans l'expérience comme des faits ou des lois de fait, énonçant ce qui se passe, que dans l'esprit, et comme une application des exigences logiques de la pensée à l'idée du mouvement. Les axiomes mécaniques comme les axiomes mathématiques expriment moins des réalités que les conditions les plus générales sous lesquelles toute réalité nous est représentée comme explicable.

*
*

Ce n'est que par abstraction que nous avons pu considérer le mouvement indépendamment des corps : ce qui nous est donné ce sont les corps en mouvement, et lorsque l'on étudie la nature, les lois mécaniques se compliquent aussitôt d'autres lois qui appellent de même leur explication. Or la physique entendue comme la science de la nature en général peut étudier les choses soit dans leur ensemble et dans l'ordre général qu'elles affectent, soit dans leur détail et dans les changements qui résultent de l'action réciproque des corps les uns sur les autres. En d'autres termes, elle est ou la science de l'univers considéré comme le théâtre

des phénomènes physiques, ou la science de ces phénomènes eux-mêmes; elle est ou bien l'astronomie ou bien la physique proprement dite. Par l'univers, d'ailleurs, il faut entendre la totalité des corps qui se révèlent à nos sens : il comprend le nombre infini des étoiles que nous apercevons à l'œil nu et à l'aide du télescope, l'espace illimité dans lequel elles se meuvent ou paraissent se mouvoir. Il ne faut pas confondre l'univers, comme on le fait quelquefois, avec ce qu'on appelle le monde : le monde c'est l'espace circonscrit dans les limites duquel s'exerce l'action du soleil; il constitue dans l'univers un système particulier composé par le soleil et ses planètes, parmi lesquelles la Terre. La distinction du monde et de l'univers est une donnée fondamentale de l'astronomie. Or l'astronomie doit répondre à une double question : quelle est l'origine des astres, et quelle est la cause qui explique leurs mouvements? Mais dans les conditions où les corps célestes nous sont connus, il est évident que l'astronomie ne pouvait tout d'abord étudier son problème avec quelque précision que dans le système solaire, le seul qui soit accessible à une observation précise et susceptible de contrôle. L'ignorance où nous sommes de la distance réelle des étoiles par rapport à nous limite nécessairement la connaissance que nous pouvons avoir de leurs mouvements ; leur éloignement infini nous empêche même de juger si elles se meuvent réellement ; en fait leurs positions respectives restant invariables au regard de l'expérience sensible, nous ne pouvons même pas décider si elles ont un mouvement propre ; enfin nous ne les percevons que comme des points lumineux et toute étude directe de leur constitution intime nous est impossible. L'astronomie sidérale ne peut ainsi se constituer que comme une extension, par voie d'analogie, de l'astronomie solaire.

Or que nous enseigne la science astronomique relativement aux lois et à la constitution du système solaire ? Elle nous montre tout d'abord dans le soleil un astre autour duquel gravitent, suivant des orbites, de forme elliptique plus ou moins allongée, mais invariables, d'autres astres appelés planètes. La Terre est une de ces planètes. La lumière et la chaleur solaire nous conduisent à considérer le soleil comme une masse sphérique de matière à l'état gazeux et incandescent. Seul le soleil est par lui-même source de lumière et de chaleur ; les planètes n'ont ni chaleur ni lumière propres. Et ainsi l'hypothèse la plus propre à expliquer la formation du système solaire et les

mouvements relatifs de ses diverses parties est la
suivante : à l'origine, une masse de matière cosmique à l'état gazeux, aussi complètement dis-
persée que possible et formant un véritable chaos ;
cette matière est animée d'un mouvement giratoire ; or c'est une loi de la matière que les
particules corporelles s'attirent en raison directe
de leur masse et en raison inverse du carré de
leurs distances ; cette loi de la gravitation universelle s'exerçant sur le chaos gazeux a pour effet de
concentrer progressivement la masse autour d'un
noyau central, et par suite de cette concentration
même, le mouvement de translation se transformant en mouvement moléculaire, elle détermine
un échauffement de ce noyau qui porte à l'incandescence la matière dont il est formé. D'autre part,
par un effet du mouvement de rotation dont la
masse entière est animée et de la force motrice
qu'il engendre, la matière nébuleuse prend une
forme sphéroïdale avec renflement à l'équateur.
A cause de la différence dans la rapidité de rotation
des parties les plus éloignées du centre et des
parties les plus rapprochées, une portion de la
matière cosmique, celle qui forme précisément
l'équateur, se détache de la sphère sous la forme
d'un anneau qui continue à se mouvoir autour

du globe central et dans le même sens que lui.
— Mais comme les éléments de cet anneau ne
sont pas doués également de la même vitesse,
celui-ci augmente peu à peu d'épaisseur en un de
ses points et finit en vertu même de son mouvement de rotation par se ramasser sur lui-même
en un globe qui continue sa révolution autour de
la sphère centrale, en même temps qu'il tourne
sur lui-même dans le sens de la rotation primitive.
C'est une planète. Au bout d'un certain temps
un nouvel anneau se détache de la masse princi-
pale, une nouvelle planète est projetée dans l'espace, et ainsi de suite. — Considérons maintenant
une de ces sphères détachées de la nébuleuse
centrale. Les mêmes lois y produiront les mêmes
phénomènes : échauffement de la partie centrale,
formation globulaire, anneau circulaire, rupture
de cet anneau en un point, formation d'un globe
tournant à la fois sur lui-même et autour de la
planète d'où il s'est détaché, toujours dans le
même sens : ce globe nouveau est un satellite.
La terre est une planète détachée du soleil, la lune
un satellite détaché de la terre. Ainsi s'expliquent
tous les mouvements du soleil, des planètes et des
satellites. Telle est l'hypothèse de Laplace fondée
d'une part sur les découvertes de Copernic et de

Képler relativement à la nature des courbes décrites par les planètes autour du soleil, et d'autre part sur l'hypothèse de Newton relativement à la pesanteur et à l'attraction terrestre. Quant à l'idée même de cette nébuleuse primitive d'où serait sorti notre système solaire, elle se confirme par l'existence de certains amas de matière sidérale qui ne semblent pas encore sortis de l'état chaotique primordial, par exemple, la voie lactée.

On conçoit désormais sans peine comment, par une extension naturelle de cette conception du système solaire, on a pu considérer les étoiles comme autant de soleils, comme autant de centres de mondes distincts. Quelle loi maintenant a présidé à la formation de cette innombrable multitude d'astres lumineux ? L'état de la science ne permet pas sur ce point même des hypothèses. Nous ne pouvons en effet évaluer que d'une façon trop grossière les distances de ces astres, et nous ne pouvons saisir entre eux aucun changement de position qui puisse permettre de les situer exactement les uns par rapport aux autres, autrement que par leurs projections sur la voûte céleste. Une chose cependant paraît certaine, que nous révèle l'analyse spectrale : c'est que dans les étoiles les plus éloignées, comme dans le soleil, les planètes et les satellites, se retrouvent les mêmes corps simples, et cette analogie de constitution chimique autorise à supposer à tous ces corps une commune origine.

*
* *

De ces espaces infinis descendons sur la planète terrestre, sur ce globe imperceptible au regard de l'ensemble, qui nous sert d'habitacle, et qui est le point perdu dans l'immensité d'où nous considérons l'univers. Nous trouvons sur ce globe des corps extrêmement divers, et qui affectent nos sens de différentes manières, présentant des propriétés définies, pesanteur, chaleur, lumière, électricité, son, etc. La science physique, après avoir ramené l'innombrable variété des phénomènes qui se produisent dans ces corps à quelques propriétés simples d'une matière commune, nous enseigne que ces propriétés elles-mêmes, irréductibles en apparence, ne sont si étrangement diverses que par les différences qui existent entre nos appareils de perception, entre nos différents organes sensoriels, que toutes ces qualités de la matière ne sont que des modes d'une qualité unique, le mouvement. Nous pouvons en effet·

convertir à notre gré du mouvement en chaleur,
en lumière, et dans la lumière, dans la chaleur
retrouver le mouvement d'où elles sont sorties.
La matière est donc une dans son principe : elle
est une possibilité de mouvement, c'est-à-dire
une force. Comme d'autre part, dans toutes les
différentes transformations du mouvement que
nous pouvons suivre, nous saisissons toujours
entre les causes et les effets une parfaite équivalence, comme nous ne voyons jamais apparaître
une quantité quelconque de mouvement nouveau,
nous sommes amenés à considérer qu'il y a dans
la matière une somme constante d'énergie,
variable seulement dans ses manifestations. Depuis
la pesanteur jusqu'à la lumière, toutes les prétendues forces physiques auxquelles nous attribuons
les qualités des corps, ne sont que des manifestations variables d'une certaine quantité invariable
d'énergie mécanique contenue dans le monde. Et
par cette hypothèse de l'unité des forces naturelles, la physique, on le voit aisément, vient
rejoindre l'hypothèse astronomique de la nébuleuse primitive, et lui donne une éclatante confirmation.

Pour expliquer maintenant comment cette
matière cosmique primordiale, cette force unique

a pu donner naissance à des corps de constitution différente, à des qualités diverses, il faut suivre les transformations qu'elle a subies dans son évolution, c'est-à-dire, selon la formule d'Herbert Spencer, dans son passage d'une homogénéité indéfinie, incohérente, à une hétérogénéité définie, cohérente. Dans le mouvement qui a primitivement condensé les molécules homogènes de la matière cosmique, des agrégats de molécules se sont formés, différents les uns des autres, de façon à donner naissance à de véritables molécules nouvelles présentant une grande stabilité, et différenciés par des qualités définies. Ce que nous appelons les corps simples représentent ce premier stade de l'évolution matérielle. Ces corps sont donc déjà le résultat d'une différenciation de la matière initiale ; simples pour l'expérience et par rapport à nos procédés imparfaits d'analyse, parce que nous sommes impuissants à refaire en sens inverse le travail cosmique d'où sont sorties leurs molécules, ils apparaissent à l'esprit comme composés et la chimie ne désespère pas d'atteindre un jour la molécule primitive. Ces corps simples à leur tour, sous l'influence des agents physiques naturels et plus particulièrement, à ce qu'il semble, sous l'influence de la chaleur et de

l'électricité, se sont agrégés et ont donné naissance à ces composés qui font l'objet spécial de la
chimie. Ce que nous appelons proprement les
corps, c'est-à-dire les êtres naturels, animaux,
végétaux ou minéraux, ne sont que des agrégats,
des synthèses, des systèmes de ces composés
chimiques.

Nous pouvons suivre par l'étude de la terre, de
sa surface, de son relief, de ses couches successives, le travail par lequel se sont formés ces
êtres. La géologie nous apprend en effet que ces
corps, inorganiques et organisés, sont apparus
successivement dans un ordre défini, et cet ordre
se trouve être le plus conforme aux hypothèses
astronomiques et cosmogoniques relatives à la
formation des astres. Nous voyons la terre passer,
par suite d'un refroidissement insensible et à
travers une série de transformations lentes, d'un
état de chaleur extrême, où tous ses éléments
semblaient confondus, à l'état où nous la trouvons
aujourd'hui. Chacune de ces époques successives
est caractérisée par l'apparition ou la prédomi-
nance de quelque composé nouveau, minéral ou
animal. Autant qu'on puisse le conjecturer par la
voie de l'analogie, la vie est apparue pour la
première fois sur le globe comme une combi-

naison chimique spéciale. Par suite de la rencontre de conditions physico-chimiques, dont la nature nous échappe d'ailleurs, se sont spontanément formées de petites masses protoplasmiques douées de deux propriétés originales : l'excitabilité et la contractilité. Fait prodigieux par ses conséquences mais très humble par ses origines ; car de même que l'impossibilité où nous sommes de réduire les corps simples ne prouve rien formellement contre l'hypothèse d'une matière primitive unique, de même, l'impossibilité où nous sommes de constater l'apparition spontanée d'un être vivant, en l'absence de tout germe organique, ne prouve rien contre la possibilité d'une telle génération à une époque géologique aussi lointaine. Ce qui se passe dans nos laboratoires ne saurait nous donner une idée de ce qu'ont pu produire dans le laboratoire immense de la nature des milliards d'expériences réparties sur des millions d'années.

Née d'une rencontre heureuse de circonstances, la molécule vivante sortie de la matière inorganique a employé l'énergie latente emmagasinée en elle par la combinaison des éléments, à se développer, à se transformer par une série d'actions subies de la part de son milieu et de réactions

contre ce milieu. A peine distincte d'abord de la
molécule inorganique, la molécule vivante, soumise à des agents physiques différents, s'est
modifiée, est devenue capable de réactions de plus
en plus nombreuses et complexes, de plus en plus
distinctes aussi de celles dont est susceptible la
matière brute. Une association de ces molécules a
donné naissance à un premier être vivant d'une
organisation rudimentaire, dans lequel les cellules
conservaient encore presque toute leur autonomie
et n'étaient nullement différenciées les unes des
autres; puis, par le fait persistant de l'action des
causes ambiantes, en même temps que le lien s'est
resserré, le travail vital s'est divisé, certaines
cellules se sont chargées pour toutes les autres de
certaines fonctions, et ainsi se sont peu à peu
constitués dans les êtres vivants des organes
distincts pour des fonctions distinctes. Les organismes merveilleusement compliqués que nous
voyons aujourd'hui ne sont que le résultat de ces
associations primitives de cellules vivantes, et de
la division du travail qui s'est lentement opérée
entre elles; et les différentes espèces végétales et
animales représentent les moments et les stades
de cette lente évolution.

La loi la plus générale de toutes ces transfor-

mations c'est la loi de l'adaptation vitale : l'être
vivant s'est développé par une série d'adaptations
aux milieux différents qu'il a traversés. Les mons-
tres des époques géologiques dont nous trouvons
les vestiges dans les entrailles de la terre représentent les types organiques appropriés aux conditions d'existence de chaque époque. La persistance des mêmes besoins, c'est-à-dire des mêmes
conditions d'existence, a déterminé la formation
et la persistance de certains organes essentiels
d'un type stable d'organisation qui est le type
même de l'être vivant. Ce type très général lui-
même s'est différencié en d'autres types d'une
stabilité relative par suite de la stabilité relative
de certains milieux, et ces types, secondaires en
quelque sorte, sont les espèces et les genres. Mais
le changement est la loi du monde physique et,
par suite, des êtres vivants : au sein des espèces
elles-mêmes se produisent des changements insensibles qui amènent la production de types nouveaux appropriés à de nouveaux besoins. Que si
maintenant nous ne pouvons pas suivre à travers
la série animale cette suite de transformations, si
nous ne trouvons pas tous les anneaux de cette
chaîne de générations, cela n'est pas une preuve
que cette chaîne n'est pas continue, mais que

certaines de ces formes transitoires ont été élimi-
nées. Tous les êtres, en effet, ne sont pas également bien adaptés et n'offrent pas la même
résistance aux causes de destruction. Il y a des
forts et des faibles, des vainqueurs et des vaincus
dans la lutte pour l'existence. La loi de la concur-
rence vitale intervient donc pour opérer dans les
différents êtres et dans les différents types d'organisation, une sorte de choix, de sélection naturelle
qui ne laisse subsister que les mieux doués, les
mieux armés, ceux en qui sont le mieux enracinées
les habitudes utiles. Ceux-là seuls persistent,
transmettent à leurs descendants par hérédité
leurs propres caractères et constituent ainsi ces
types nettement définis et relativement stables
que nous appelons des espèces. Mais, si distincts
qu'ils apparaissent, aussi bien dans leur constitution que dans leurs fonctions et dans leurs
instincts, ces types spécifiques n'en sont pas
moins les derniers résultats d'une longue évolution qui a son principe dans la première masse
protoplasmique et dans cette première forme de
spontanéité vivante qui est le réflexe sous son
aspect le plus simple et le plus mécanique. Tous
les instincts les plus savants qui nous font admirer
l'incomparable industrie des animaux supérieurs

no sont que des complications graduelles de ce premier mouvement qu'a dû faire la première cellule organisée en réponse aux excitations du milieu physique.

*
* *

De tous ces organismes, le plus complexe au point de vue de la constitution et des fonctions c'est l'homme. C'est dans l'homme que la division du travail vital atteint son maximum. Anatomiquement et physiologiquement l'homme est le plus parfait de tous les êtres vivants et apparaît ainsi comme le dernier terme de la série animale. Ce qui fait sa perfection, au point de vue biologique, c'est l'extraordinaire développement que présentent chez lui les fonctions de relation et le système nerveux qui en est l'organe essentiel. L'activité nerveuse qui, chez les animaux supérieurs, revêt déjà non seulement la forme de la motricité, mais encore celle de la sensibilité, se manifeste chez lui sous une forme nouvelle, sous la forme de la conscience. L'apparition de la conscience, voilà un événement nouveau d'une incalculable portée, qui semble constituer un fait vraiment irréductible, venant rompre la continuité .

régulière que nous nous efforçons d'apercevoir au
sein de la nature, séparée de tout ce qui l'a précédé par une sorte d'infranchissable hiatus que
peut seulement combler un miracle, un acte de
création mystérieux. Qu'on y prenne garde toutefois. C'est d'une conscience étrangement rudimentaire qu'il s'agit ici et sous ses formes les plus
humbles, à son origine, la conscience se distingue
mal de ces réactions biologiques que nous signa-
lions tout à l'heure; elle semble n'être en dernière
analyse que l'effet nécessaire de la complexité
croissante de réflexes de mieux en mieux organisés. Même à ses degrés les plus élevés, la
conscience paraît être le résultat d'une coordination, d'une centralisation de plus en plus grande
de toutes les impressions sensibles dans l'organe
commun où elles aboutissent toutes, dans le
cerveau. L'homme n'est pas le premier être vivant
dans la série animale chez lequel on trouve le
sentiment des impressions extérieures : il est le
seul en qui ces impressions se coordonnent,
s'unifient dans le sentiment d'un moi; mais cette
unité psychique a pour base une coordination
physiologique plus parfaite dans le cerveau.

Une fois ébauchée, la conscience a été pour
l'homme le point de départ d'une adaptation beau-

coup plus rapide à son milieu et d'un perfectionnement sans exemple dans les autres espèces
animales. Par suite de son aptitude à coordonner
et à unifier les impressions, l'homme a saisi dans
les choses des liaisons inaperçues des autres êtres ;
il s'est assimilé pour ainsi dire ces liaisons, il en
a fait des principes d'action ; ce que l'animal
n'emmagasine que lentement et à la longue sous
forme d'instincts, par l'action indéfiniment répétée
des mêmes excitations, l'homme l'intègre presque
instantanément sous forme de connaissance.
L'intelligence devient chez lui un nouveau mode
d'adaptation infiniment supérieur à l'instinct par
l'étendue de ses moyens et par la promptitude de
ses résultats. Mais cette intelligence, on le voit,
se forme et se développe selon les mêmes lois et
elle nous apparaît comme n'étant rien d'autre ni
de plus qu'un instinct supérieur de coordination.
Grâce à elle l'homme étend à l'infini ses relations
avec son milieu, les enregistre sous la forme
d'idées, et les fait servir de point de départ à des
réactions infiniment variées. L'intelligence permet
à l'homme ce que l'instinct ne permet pas à
l'animal. L'instinct présente toujours quelque
chose de lourd et de figé : c'est une adaptation
toute faite à de certains besoins, qui ne vaut pas ·

tout de suite pour des besoins nouveaux et qui ne peut se transformer qu'à la longue. L'intelligence au contraire est une possibilité générale de réadaptation à des conditions changeantes; infiniment souple et mobile, elle fournit à chaque instant à l'homme des réponses appropriées à tous les besoins.

D'ailleurs ce qui facilite le progrès même de l'intelligence c'est qu'elle est capable elle aussi de se transformer en instinct, et de s'affranchir ainsi une fois pour toutes de la nécessité de recommencer certaines adaptations qui se présentent toujours les mêmes. Il y a dans les choses certaines relations très générales qui se retrouvent toujours et qui sont l'objet d'une expérience constante. Telles sont les relations spatiales, les rapports de succession, de cause à effet. L'expérience répétée de ces relations les fixe pour ainsi dire dans l'intelligence, et même dans le cerveau. Comme elles sont les mêmes pour toutes les générations successives, elles s'accumulent, se transmettent par la voie de l'hérédité et finissent par devenir de véritables liaisons nécessaires, de véritables nécessités de penser. Acquises quant à l'espèce, mais innées quant à l'individu, ces liaisons constituent dans l'intelligence une sorte

d'instinct : elles deviennent constitutives de la
pensée même qui ne peut s'exercer sans elles;
elles sont la pensée même dans ce qu'elle a de
stable et en même temps de commun à toute
l'espèce. Cette intelligence spécifique, constituée
par des principes communs à tous les hommes,
c'est ce qu'on nomme la *raison*. La raison qui
nous apparaît aujourd'hui comme le trait caractéristique de l'homme, la marque primitive de sa
nature et le privilège de son essence, a ainsi son
histoire : elle s'est formée lentement par l'expérience accumulée des générations successives;
elle est comme l'alluvion lentement déposée dans
l'esprit par le flux répété des mêmes liaisons entre
les phénomènes; ses lois expriment les lois du
monde, car elles sont pour ainsi dire le lit creusé
dans la conscience par l'éternel torrent des faits.

Une fois constituée, la raison est devenue dans
l'intelligence le point de cristallisation de la connaissance tout entière. L'homme dominé par ces
principes, par ces nécessités de penser, en a fait le
type auquel il a voulu ramener toutes les relations
particulières, et le modèle de tout travail de coordination. Ramener toutes les liaisons que nous révèlent les choses à ces liaisons générales et, par elles,
les expliquer, les rendre intelligibles à l'esprit, telle

est l'œuvre de la science. La science est la coordination la plus complète de l'expérience sous la
direction de la raison; et comme la raison n'est
que le reflet dans l'esprit humain de ce qu'il y a
de plus général dans l'expérience même, l'univers
réfléchi par la raison et par la science retrouve
en elles sa simplicité première : la science remon-
tant du détail des êtres et des faits particuliers
jusqu'aux lois essentielles et primitives des choses
ne fait en quelque sorte que parcourir en sens
inverse le chemin suivi par l'évolution d'où elles
sont sorties.

Le ressort de tout ce progrès par lequel l'intelligence étend autour d'elle ses relations avec le
milieu, les fixe et les systématise, est le même
que celui par lequel se développe et se fixe l'instinct : le besoin. C'est la nécessité de vivre qui a
poussé l'homme à chercher autour de lui la substance de sa vie propre, et qui a déterminé la première démarche de son intelligence. A cause de
la perfection même de cet instrument d'adaptation
l'homme a bientôt paré à ses premiers besoins; de
bonne heure il s'est affranchi de la nécessité première. Cependant il ne pouvait vivre sans agir :
libérée de la tyrannie du besoin, cette activité de
loisir s'est dépensée d'une façon désintéressée et

en quelque sorte pour elle-même, sous la forme du
jeu. Le jeu, par suite du plaisir qui s'attache au
libre exercice des fonctions vitales, après avoir été
spontané et sans objet, est devenu lui-même un
objet pour l'activité désintéressée. L'homme a
cherché son plaisir dans l'exercice de tous ses sens
et lorsque le spectacle des choses ne lui fournis-
sait pas un aliment suffisant à ce plaisir, il a
trouvé lui-même par des créations propres, dont
il empruntait les éléments à la nature, le moyen
de charmer et d'embellir la nature elle-même : il a
inventé l'*art*. L'art est sorti du jeu comme la
science est sortie de l'expérience; non plus par
l'effet du besoin proprement dit et de l'intelligence,
mais par l'effet de l'imagination et du désir. C'est
le désir qui a présidé au choix que l'homme a fait
dans la nature de tout ce qui pouvait enchanter sa
vie, qui a créé l'idéal et le beau, qui a donné naissance à la création artistique. Comme le vrai, le
beau a ainsi son histoire dans la conscience
humaine : il a exprimé à chaque moment, et en
quelque sorte incarné sous des formes diverses
l'insatiable désir de la vie pleinement vécue.

En même temps, enfin, qu'elle étendait les relations de l'homme avec son milieu, l'intelligence
étendait ses relations avec ses semblables. Elle lui .

montrait dans ses semblables des auxiliaires de sa
vie propre, des alliés dans la lutte pour la vie
contre les forces naturelles. C'est le sentiment profond de ce besoin tout d'abord égoïste qui a rap-
proché pour la première fois l'homme de l'homme.
De là est née la vie sociale. Or la vie sociale devait
apporter avec elle dans la conscience des besoins
nouveaux et créer pour l'homme de nouveaux
principes d'action. Jusque-là en effet il ne s'est
préoccupé que de son bien propre et n'a eu d'autre
loi que l'égoïsme, tantôt spontané comme le plaisir,
tantôt réfléchi et calculé comme l'intérêt. Mais du
jour où l'homme, pressé par la nécessité, s'est
associé à l'homme, il a dû par là même adopter
un genre de vie et une loi d'action tout à fait différents. Il a senti que le seul moyen de maintenir
le lien social était de sacrifier quelque chose de son
égoïsme au bien des autres et de tous. Cela s'est
fait lentement, par l'effet de l'habitude et aussi de
l'éducation. L'habitude de vivre dans la société de
ses semblables a fait naître dans l'âme humaine
l'amour des autres et le désir de leur bien, et par
suite a substitué à l'égoïsme primitif une certaine
sympathie pour autrui, un sentiment nouveau,
l'altruisme. D'autre part l'expérience ayant montré
tout l'avantage qu'il y avait à fortifier le lien social;

le dévouement à la société a été proposé comme le modèle de l'action bonne, au lieu que l'égoïsme était blâmé et condamné comme un sentiment antisocial. Il a fallu dès lors que la loi de l'action ne fût plus une loi égoïste de libre expansion individuelle, mais devînt une loi de contrainte sociale. Et précisément ce sentiment de la contrainte s'attachant à ce que nous devons faire, donne naissance au sentiment de l'obligation ou du devoir. Le devoir n'apparaît qu'avec la contrainte sociale. Ce que nous appelons la loi morale n'est que la volonté sociale considérée sous sa forme abstraite d'impératif; elle est l'expression dans la conscience individuelle des conditions mêmes de la vie collective. La morale est née de la vie sociale et de la nécessité de réglementer l'action individuelle par la considération du bien commun et de l'utilité générale. Ce que nous appelons la conscience morale, nos notions de la justice et du droit, de ce qui est permis et de ce qui est défendu, n'est que le sentiment profond de notre dépendance à l'égard de nos semblables et du lien qui nous rattache à eux : la conscience morale n'est que la conscience sociale appliquée à la direction de notre conduite; aussi doit-elle varier avec la forme d'organisation, avec les institutions, avec les

prescriptions de la loi écrite, d'un mot avec le
milieu social dont elle exprime la nature et dont
elle reflète les transformations.

Ainsi se trouve expliqué l'homme moral dans
ses fonctions essentielles, ainsi se trouvent naturellement expliqués, par le jeu des instincts fondamentaux de l'être vivant, la vie consciente avec
ses multiples manifestations, la science, l'art et la
morale. Quant aux autres phénomènes sociaux,
ils résultent de même de cette association première fondée sur le besoin. Le langage, les traditions, les institutions juridiques, les institutions
politiques, les relations économiques sont con-
tenus en germe dans cette première démarche de
l'homme vers l'homme. Le langage est né de la
nécessité et il a sa première forme dans l'imitation,
par la voix, des bruits naturels, dans les exclama-
tions spontanées par lesquelles se traduisent les
émotions de l'âme, ou encore dans les cris rythmés
accompagnant tout travail en commun. C'est là
qu'il faut chercher les racines primitives qui par
un phénomène de végétation spontanée, au fur et
à mesure que se scindait en sociétés distinctes la
société primitive, ont donné naissance à toutes les
différentes langues. Les traditions ont été la première forme de l'histoire avant l'invention des

signes écrits ; les religions ont été un premier essai
de science et de législation fondé sur la croyance
au gouvernement du monde par des volontés
supérieures ; les institutions juridiques sont sorties
du besoin de réglementation de la vie sociale ; les
institutions domestiques se sont formées et trans-
formées de même, grâce à une entente tous les
jours plus parfaite des exigences du lien social ;
les institutions politiques ont commencé le jour où
un homme a su, soit par le prestige de l'autorité
sacerdotale, soit par le prestige de la force et de la
gloire, se subordonner tous les individus d'un
même groupe social ; quant à ces groupements
permanents, historiques, qui sont les nations, ils
ont eu leurs raisons profondes dans les nécessités
de la vie, dans les besoins de la défense, de la
subsistance, et aussi dans la communauté de race,
de mœurs et de croyances. Leurs luttes réciproques les ont posés les uns en face des autres
comme des individualités définies, ayant de communs intérêts, de communs sentiments, de communs vouloirs, possédant une âme propre, une
conscience, une personnalité. C'est au sein de ces
groupes définis que les institutions politiques ont
suivi cette évolution qui les porte d'abord de
l'anarchie primitive au despotime absolu et qui les

achemine toutes progressivement, par le progrès
des raisons individuelles, jusqu'au gouvernement
de tous par tous; jusqu'à la forme démocratique
où la liberté de chacun se fonde sur la liberté de
tous, où l'intérêt de chacun s'identifie avec l'intérêt
de tous, où le complet épanouissement de chaque
individualité est garanti par une égale et commune
justice.

* * *

Autant qu'on en peut juger par cette esquisse à
larges traits des conclusions auxquelles elle nous
convie, la science n'a pas failli à la tâche immense
qu'elle s'était assignée. Partie de la considération
de phénomènes élémentaires, comme les phénomènes mécaniques et cosmiques, elle retrouve à
l'autre bout de la chaîne phénoménale l'homme
avec l'extraordinaire complexité de ses manifestations. La science, comme la nature, aboutit à
l'homme. C'est l'homme qui est en définitive son
problème essentiel; mais ce problème elle ne le
résout qu'après l'avoir mis à sa place dans la
série des questions, après en avoir préparé la
solution par une théorie préalable de la nature.
Il y a plus : non seulement la science explique
l'homme, mais, dans ses enseignements sur le

passé de l'humanité, on aperçoit les principes
d'une prévision de son avenir, et d'une réglementation de l'action humaine. Au fond, la science n'a
jamais eu d'autre objet : sa destination est essentiellement pratique. Née du besoin, c'est le besoin
qui à chaque instant est le ressort de son progrès.
Si à un certain moment elle semble abandonner
toute préoccupation pratique pour se constituer
comme une théorie pure, si elle ne se propose
plus que de remonter spéculativement jusqu'aux
premiers principes de l'explication universelle, il
ne faut pas se laisser duper par les apparences :
elle ne s'éloigne de l'homme que pour y revenir
mieux préparée à le comprendre ; elle ne s'écarte
un instant de la pratique que pour puiser dans la
théorie les principes d'une action plus féconde et
d'une réglementation plus exacte. La science
apparaît dès lors comme la systématisation dernière de la connaissance et de l'action, comme
l'œuvre la plus haute de la raison humaine : elle
n'est rien que la raison dans la pleine conscience
d'elle-même et de son rapport avec les choses.

Tel est, très rapidement et aussi très incom-
plètement tracé, le plan, le programme de la
science achevée ; telles sont les solutions générales qu'elle propose à titre d'hypothèses pour

relier et mettre en système les vérités positives et
certaines que l'expérience lui permet de contrôler.
Assurément ces hypothèses ne sont pas enseignées
par la science au même titre que ses vérités
éprouvées. Quelques-unes même d'entre elles
répugnent à certains savants comme dépassant de
beaucoup ce qu'il est permis non pas seulement
d'affirmer, mais encore de conjecturer. Elles n'en
expriment pas moins, avouées ou non, le vœu et
comme l'idéal de l'explication scientifique; tout
l'effort de la recherche tend d'une façon plus ou
moins directe et consciente à les vérifier et à les
confirmer. Et maintenant que vaut pour l'homme
cette science supposée parfaite? Est-elle, comme
elle le prétend, de nature à satisfaire à la fois tout
son besoin de comprendre et tout son besoin
d'agir? Suffit-elle à la pensée? Suffit-elle à la
conscience? Se suffit-elle à elle-même? C'est le
problème dernier qu'il serait commode sans doute
d'éluder, mais qu'il faut résoudre, qu'on ne résout
pas en se refusant à le poser, qui s'impose irrésis-
tiblement à l'esprit, et auquel il ne nous est pas
permis d'échapper.

IV

Critique du savoir scientifique
au point de vue théorique.

Genèse de l'Univers et, dans l'univers, devenir et progrès de l'Humanité, voilà le problème immense dont la science prétend nous fournir la solution. Il semble dès lors qu'elle ne laisse en dehors d'elle aucune des questions que l'homme peut se poser, qu'elle constitue à elle seule tout le savoir humain, qu'il n'y ait plus à côté d'elle place pour aucune autre discipline. En dehors du monde et de l'homme, en effet, quel autre objet de connaissance pourrions-nous concevoir?

Toutefois, pour pouvoir accorder à la science cette créance non seulement entière, mais encore exclusive, qu'elle réclame, il ne suffit pas d'avoir constaté qu'elle a des réponses sur tout, il faut

encore se demander quelle est la valeur de ces
réponses; il reste à soumettre le savoir scientifique à une critique analogue à celle qu'il a faite
lui-même des autres modes d'explication, et peut-
être verrons-nous alors que si un peu de science
nous éloigne de la philosophie, beaucoup de
science, la science tout entière, considérée dans
son ensemble, nous y ramène. Cette critique devra
porter sur la science envisagée à un double point
de vue, et en quelque sorte dans sa double fonction : dans sa fonction théorique, et comme explication de la nature et de l'homme, dans sa fonction pratique, et comme directrice de la conduite.
La science suffit-elle à rendre compte des choses
et d'autre part suffit-elle à poser à l'homme de
véritables principes d'action?

Avant d'aborder l'examen de la première de ces
deux questions, essayons de la poser avec netteté
et de dissiper quelques équivoques. Il ne s'agit
pas de nous demander ce que valent en elles-
mêmes les réponses que la science propose sur
tel ou tel point soit à titre de certitudes et de
vérités démontrées, soit à titre de conjectures.
Certes il pourrait y avoir à cet égard des réserve
nombreuses à faire, il ne serait pas malaisé de
montrer que la science est encore loin d'avoir

réalisé son programme d'explication mécanique universelle. Un des penseurs qui ont fait le plus dans ce siècle pour assurer le succès de cette conception positive de l'univers, le philosophe anglais Herbert Spencer, a reconnu lui-même que, dans son état actuel, l'explication scientifique se heurte à certaines réalités dernières, irréductibles les unes aux autres, comme le temps et l'espace, la force, la vie, la pensée, de sorte que bien loin de présenter l'aspect d'une chaîne continue de vérités sortant naturellement les unes des autres, la connaissance scientifique est plutôt distribuée pour ainsi dire en une pluralité de compartiments distincts, séparés les uns des autres, comme les divers modes de la réalité, par de véritables cloisons étanches. Il y aurait même sans doute de nombreuses objections à présenter contre la possibilité de relier un jour et d'unifier ce qui nous est donné aujourd'hui comme discontinu et comme hétérogène.

Ces objections cependant nous ne les ferons pas. Nous n'écarterons pas l'explication scientifique par le moyen commode qui consiste à lui reprocher de n'être pas encore achevée. C'est qu'aussi bien à ces critiques un peu trop faciles la science peut faire une réponse décisive : elle a

pour elle le progrès indéfini de l'esprit humain,
et l'on ne saurait conclure de ce qu'elle n'a pas
fait à ce qu'elle est incapable de faire. Tout au plus
est-il légitime d'attirer sur ces difficultés l'attention
et d'y faire porter l'effort de la recherche, ne serait-
ce que pour mettre par là même les savants en
garde contre une tendance naturelle à les croire
déjà résolues. Mais au point de vue où nous
sommes placés de telles objections n'auraient pas
de sens. Nous avons supposé la science à son état
de parfait achèvement, nous lui avons accordé
comme des vérités démontrées toutes les liaisons
qu'elle présente comme des hypothèses. Nous
aurions donc mauvaise grâce à lui retirer ensuite
d'une main ce que nous lui donnons de l'autre;
notre critique doit avoir une portée beaucoup plus
haute et beaucoup plus générale : elle doit avoir
pour objet non pas le détail des explications que
la science apporte, mais leur système et leur
nature, le mode même d'explication qu'elle réalise
ou prétend réaliser. Nous devons critiquer la
science non pas dans son contenu, mais dans sa
forme, pour ainsi dire, dans son esprit même, dans
sa prétention de satisfaire toutes les curiosités de
l'esprit humain sans sortir des données de l'expérience et de la réalité sensible. Car c'est bien là

le point essentiel : c'est là la véritable question préalable que l'on peut opposer à l'idée de la science positive considérée comme la seule tentative légitime pour résoudre le problème des choses.

S'il se trouve en effet que cette tentative contient un vice radical qui limite son effort et le frappe à l'avance d'impuissance et de stérilité, nous pourrons sans rien abandonner des certitudes qu'elle nous donne, sans même renoncer à celles qu'elle nous laisse entrevoir, superposer à l'ordre qu'elle établit dans la réalité sensible, un ordre plus profond, fondé sur l'intuition d'autres réalités que nos sens ne peuvent atteindre : et ainsi la science pourra conserver toute sa valeur d'explication relative et en quelque sorte symbolique dans le monde des phénomènes, mais n'exprimera plus le point de vue unique de l'esprit humain, et pourra être complétée par un autre mode de savoir dans lequel l'esprit trouverait enfin son entière satisfaction. Encore une fois il ne saurait être question de rien contester à la science de ce qu'elle affirme, mais seulement de savoir si le genre d'affirmation qu'elle comporte suffit à notre besoin de certitude, et s'il n'y a pas lieu, pour arriver à l'unification complète du savoir, de

recourir à d'autres principes d'affirmation, et à
un autre mode de connaissance.

* *

Rappelons en quelques mots le bilan des vérités
que la science nous propose. Elle nous montre
comment « au sein d'un amas de matière cosmique
indistinct, se sont formés peu à peu des corps
définis, comment cette matière s'est ensuite agglo-
mérée en masses colossales séparées par des distances énormes, comment ces masses se sont
individuellement développées, et comment la terre
en particulier a traversé les phases successives
dont les couches géologiques nous donnent le
témoignage, puis comment par la réunion de
certaines conditions favorables est apparue sur la
terre la première molécule organisée, comment
de cette molécule organisée sont sortis progressivement et par complication graduelle tous les
êtres vivants dont l'homme paraît occuper le
sommet » (Renan), comment enfin l'homme a su
par l'effort collectif des intelligences individuelles, s'élever de ces humbles origines à la
dignité d'être conscient et moral. Voilà, si je ne
me trompe, tout ce qu'il y a d'essentiel à retenir

d'une explication scientifique parfaite. Elle n'est pas autre chose au fond qu'une histoire de la nature et de l'homme. Or cette histoire supposée complète, sans lacunes, sans hiatus, nous renseigne-t-elle pleinement, absolument, sur tout ce que nous voulons savoir, sur tout ce que nous avons besoin de savoir? A vrai dire ne pose-t-elle pas plus de questions qu'elle n'en résout, et de plus importantes?

Toute histoire suppose comme donné un être, et un être qui change : l'être immobile n'ayant pas de devenir ne saurait avoir d'histoire. L'être et le changement, c'est-à-dire la succession dans le temps, telles sont donc les données nécessaires de toute histoire. Mais, en outre, pour que cette histoire ait au regard de l'intelligence la valeur d'une explication, il faut qu'elle lui donne de ce changement un spectacle ordonné, intelligible, il faut qu'elle lui trouve un sens, une loi. Un changement qui se ferait sans aucun ordre, qui ne supposerait pas un avant et un après se déterminant nécessairement l'un l'autre, dont tous les termes pourraient indifféremment occuper dans la série n'importe quelle place, un tel changement serait le pur chaos, et le chaos, pas plus que l'être immobile, n'a pas d'histoire. Toute histoire donc,

outre l'être et son devenir, suppose un sens et
une loi de ce devenir. Or dans cette histoire de
l'univers que nous offre la science, nous trouvons
ces données fondamentales : un être, la matière
cosmique homogène et indistincte, le changement,
c'est-à-dire le mouvement de cette matière, une
loi de ce changement, la loi d'évolution qui porte
les êtres à sortir les uns des autres suivant le
principe de l'équivalence des forces, et sans que
jamais rien naisse de rien. Ce sont là les trois
données essentielles, mais aussi irréductibles, les
éléments premiers de toute explication scientifique,
de l'univers, les réalités dernières au delà desquelles elle ne remonte pas et qu'elle est néanmoins obligée de poser comme autant de principes.
Mais ces principes à l'aide desquels toutes choses
sont expliquées sont-ils tellement clairs, tellement
intelligibles par eux-mêmes qu'ils n'aient pas
besoin d'explication et que l'esprit puisse se contenter de leur apparente évidence? Ce serait en
effet la condition nécessaire pour que la science
pût se constituer comme savoir complet et définitif,
sinon la science pourrait se donner tout au plus
comme une simplification du problème, en aucun
cas comme une solution dernière et sans appel.
Or, en fait, c'est ce qui arrive, et ces affirmations

qu'elle pose à sa base comme les principes de toute explication, comme les conditions de la solution de tous les problèmes, ce sont, en dernière analyse, autant de problèmes, autant d'inconnues qu'elle porte nécessairement partout avec elle et qui réclament à leur tour leur solution.

Ce serait à coup sûr dépasser singulièrement le cadre de ces études que d'étudier ou simplement de poser dans toute leur étendue et leur complexité tous les problèmes que soumettent à notre esprit ces idées dernières de la science, la matière, le mouvement, l'évolution. Il est nécessaire, et d'ailleurs suffisant à notre objet, de se borner à montrer quelques-unes des difficultés qu'elles soulèvent.

*   *
*   *

Et tout d'abord il s'en faut que cette matière cosmique, indéterminée, homogène, d'où tous les êtres sont sortis par voie de différenciations successives, présente à notre esprit un caractère d'absolue clarté. Elle n'est claire ni pour la raison, ni pour les sens. Au point de vue de la raison, il y a dans son idée même quelque chose de contradictoire. Placée en effet à l'origine des choses.

comme l'existence primordiale qui commence la
série des êtres, nous sommes obligés de la concevoir elle-même comme n'ayant pas de commencement, comme éternelle. Or de deux choses l'une :
ou bien elle est de même nature que les êtres qui
en sont sortis, et alors nous sommes obligés de la
concevoir sur le modèle de ces existences, et de lui
attribuer à elle aussi un commencement, ce qui
nous empêcherait de la poser comme un principe ;
ou bien nous la concevons comme réellement éternelle et absolue, et alors elle est d'une autre
nature que les existences relatives, elle est placée
en dehors de la série phénoménale, et alors comment expliquer que les existences relatives en
soient sorties ? La loi d'équivalence, d'après laquelle, si rien n'est créé, rien ne se perd davantage,
se trouve démentie dès l'origine même puisque
nous ne trouvons pas dans les effets toute la
réalité qui est dans la cause. Il est donc également
impossible à notre raison de concevoir la matière
comme éternelle, et de la concevoir comme ayant
un commencement, de la placer hors du temps et
dans le temps, de la soustraire au devenir et d'en
faire le siège du devenir. Dans le premier cas elle
est un absolu duquel nous ne pouvons pas descendre, dans le second une existence relative au

delà de laquelle nous ne pouvons pas remonter et qui pourtant présuppose une existence antérieure. Inconcevable à notre raison, ce principe matériel est-il clair au moins pour nos sens, et est-il bien une de ces réalités directement saisissables dans la limite desquelles la science prétend s'enfermer? Pas davantage. La matière que nous connaissons par les sens est une matière qui se révèle par des qualités, des propriétés : elle est quelque chose de limité, de coloré, de résistant, de chaud ou de froid, de distinct en un mot et de différencié. Or cette matière cosmique n'a ni forme, ni couleur, ni résistance, ni aucune enfin des qualités par lesquelles la matière se révèle à nous. Mais qu'est-ce que la matière dépourvue de tout ce qui la rend saisissable à nos sens? C'est une pure abstraction, une pure possibilité, quelque chose comme l'indéterminé des anciens naturalistes ioniens, et cela ne ressemble-t-il pas étrangement à ces entités métaphysiques que la science devait à tout jamais chasser de l'esprit humain?

Je me trompe, cependant : cette matière a une qualité, l'étendue. Mais nous n'en sommes pas plus avancés, au contraire, car les difficultés ne font que se multiplier. Étant étendue en effet, elle est divisible comme l'étendue elle-même; et dès.

lors de deux choses l'une : ou bien ses parties
seront elles-mêmes étendues, occuperont un certain espace, et en conséquence nous pourrons,
nous devrons poursuivre à l'infini cette division
sans jamais pouvoir nous arrêter, ou bien nous
nous arrêterons à quelque chose qui n'aura plus
aucune étendue, et nous serons obligés de constituer cette chose étendue, la matière, avec des
atomes inétendus eux-mêmes. La matière est
aussi irreprésentable dans son élément, l'atome,
que dans sa masse étendue.

En réalité, comme il est impossible de concevoir
une matière totalement dépourvue d'attributs et
de qualités, la science, outre l'étendue, lui confère
une autre propriété, le mouvement. Or la notion
en devient-elle plus claire? Bien loin de là, et le
mouvement pose à lui seul de nouvelles questions.
Laissons de côté pour le moment la forme spéciale
de ce mouvement que l'on suppose giratoire et
circulaire. Considérons l'idée simple de mouvement, abstraction faite de toute direction. Qu'est-
ce que le mouvement? C'est un changement de
lieu, de position, une variation dans la distance
qui sépare deux points matériels. Nous disons
qu'un corps est en mouvement lorsque sa situation
change par rapport à un autre. L'idée de mouve-

ment est relative à celle de repos. Pour concevoir un mouvement de la matière primordiale nous sommes obligés d'imaginer quelque chose d'immobile par rapport à quoi la matière se meut. Mais alors la matière n'est pas le principe unique : il faut la concevoir comme limitée par un autre principe, comme bornée par quelque autre existence, ne fût-ce que l'espace vide et immobile. On échappe, il est vrai, à cette difficulté en supposant que le mouvement se fait entre les parties de la matière ; le mouvement est représenté comme un changement dans la situation des molécules les unes par rapport aux autres; mais encore pour que ce changement soit réel, il faut supposer que toutes les molécules ne participent pas également au mouvement, ou ne se meuvent pas dans le même sens et avec la même vitesse; en fait, c'est bien ce que l'on dit quand on conçoit ce mouvement comme giratoire et circulaire : on suppose un centre immobile autour duquel se fait le mouvement des parties. Mais alors on admet dans la matière des parties immobiles et des parties en mouvement; dans ces parties mêmes on conçoit un mouvement inégalement distribué, puisque nécessairement le mouvement ne sera pas le même, à mesure que l'on s'éloignera du centre de rotation;

seulement que devient cette hypothèse d'une
matière indistincte, homogène? Il faudra attribuer
à chaque molécule un mouvement propre, spécial,
par où elle se différencie de toutes les molécules
voisines, et qui suffit à lui donner dans l'ensemble
une physionomie particulière : cette matière prétendue homogène est constituée en réalité par une
infinité d'atomes individuels dont chacun est un
nouveau problème : car d'où vient à chacun son
individualité? Pourquoi est-il tel ou tel autre?
Quelle loi a prédestiné telle molécule à devenir le
centre du système, et lui a départi ce rôle singu-
lier et unique de servir de pivot à l'univers? Le
hasard n'est pas une explication : c'est un aveu
d'ignorance.

* *
*

Supposons donné néanmoins ce mouvement,
puisque aussi bien il est impossible de rien faire
sans lui, et considérons maintenant sa loi, cette
loi d'évolution mécanique par laquelle il engendre
successivement toutes les existences. La loi d'évolution implique deux affirmations en somme assez
différentes : la première c'est que rien ne vient de
rien et que la somme de réalité est toujours cons-

tante dans l'univers; la seconde c'est que les différents modes d'existence apparaissent par suite
d'une spécification graduelle et progressive de
l'existence initiale qui, si elle ne perd ni ne
gagne rien en quantité, voit au contraire se multiplier peu à peu en elle-même les qualités et les
propriétés distinctes. Ces deux affirmations sont-
elles claires en elles-mêmes, et aussi sont-elles
d'accord l'une avec l'autre?

Tout d'abord, il est manifeste que cette loi que
rien ne vient de rien, si on veut en trouver la
vérification dans les faits, a besoin d'être précisée
et interprétée. Cela n'est pas vrai d'abord de la
matière prise au sens courant du mot, c'est-à-dire
de la matière sonore, colorée, résistante, etc., qui
compose les corps. A tout moment, dans les combinaisons chimiques, par exemple, l'apparence
sensible nous montre que des corps disparaissent
et que se forment des corps nouveaux. Qui nous
assure alors que de la matière n'a pas disparu et
qu'il n'est pas apparu de matière nouvelle? La
balance, dira-t-on. Lavoisier a démontré expérimentalement par la balance le vieil axiome de
l'indestructibilité de la matière. Les corps peuvent
se morceler, se diviser, échanger certaines des
molécules qui les composent, se transformer les

uns dans les autres; il y a quelque chose en eux
qui ne change pas, qui n'augmente ni ne diminue :
c'est leur masse. Si différent que soit de ses éléments composants un composé chimique, le poids
reste le même après comme avant la combinaison.
C'est donc alors que la matière se ramène à la
masse? Mais la masse qu'est-elle en elle-même?
Nous ne la saisissons expérimentalement que sous
la forme spéciale du poids des corps, et ce poids
lui-même nous ne pouvons l'apprécier et le mesurer
que par le plus ou moins de mouvement qu'il
imprime au fléau d'une balance. Le poids et par
conséquent la masse ne sont donc en somme pour
nous qu'une certaine quantité de mouvement.
L'axiome de la persistance de la masse devrait donc
se traduire dans celui de la persistance d'une
même quantité de mouvement. Or sous cette nouvelle forme l'axiome ne semble pas vérifié davantage. L'expérience nous met tous les jours à même
de constater des changements dans la direction du
mouvement : l'action de l'homme sur son corps
et sur la nature ne consiste pas en autre chose.
Or s'il peut y avoir des changements dans la
direction du mouvement, ce ne peut être que par
l'action d'un autre mouvement qui vient modifier
le premier. Mais dans la direction que la volonté

de l'homme imprime aux mouvements de son corps, par exemple, où est le mouvement antérieur? On ne peut appeler du nom de mouvement l'acte de cette volonté, la volition, à titre de fait interne; il n'y a là rien d'étendu, rien qui occupe un espace. Il va donc falloir admettre que du mouvement a été créé, ou bien, si l'on tient pour la persistance, on devra supposer que ce qui persiste ce n'est pas le mouvement, mais autre chose dont le mouvement lui-même n'est qu'une manifestation ou un effet. Or pour revenir à notre exemple du mouvement volontaire, si la volonté ne peut être représentée comme un mouvement, elle nous est connue, elle se connaît elle-même comme un pouvoir de produire le mouvement, comme une force. L'axiome de la persistance du mouvement devra se traduire par l'axiome de la persistance de la force.

Ainsi, ce qui persiste dans l'univers, ce n'est pas la matière des corps, au sens empirique du mot, ce n'est pas non plus leur mouvement, c'est ce qui, en eux, est capable de produire le mouvement : c'est la force ou l'énergie. Sous cette forme nouvelle il semble bien que l'axiome puisse enfin être véritablement universalisé. Pas encore cependant. Si, en effet, sous la forme de la volonté, la

force est saisie grâce à l'expérience interne de la
conscience que nous en avons, il est d'autres cas
où, en présence de mouvements nouvellement
apparus, nous ne pouvons percevoir la force d'où
ils procèdent. Quand par exemple l'homme
emploie ce minéral inerte, le charbon, à transformer de l'eau en vapeur, et qu'il fait servir cette
vapeur à mouvoir un piston dans un cylindre, il
y a apparition d'un mouvement nouveau auquel
on ne saurait évidemment assigner comme cause
une volonté, une énergie consciente ; il faut donc
supposer qu'il y a dans le charbon une certaine
quantité prisonnière d'énergie que l'homme n'a
fait pour ainsi dire que délivrer. De la sorte on
est conduit à distinguer de l'énergie actuellement
déployée dans les corps sous la forme de mouvement, celle qui s'y trouve emmagasinée, captive,
à l'état de puissance. Ces deux énergies se trans-
forment sans cesse l'une dans l'autre, passant de
la forme enveloppée à la forme actuelle, et réci-
proquement retombant de l'acte à la puissance.
Si donc quelque chose persiste dans l'univers, ce
n'est pas la force tout court que le mouvement
révèle, c'est la somme de ces deux énergies :
l'énergie d'acte et l'énergie de puissance. On voit
combien ce principe avait besoin d'explications

et de corrections pour exprimer vraiment la loi des choses.

Malheureusement il ne devient susceptible de s'adapter exactement aux faits que pour devenir plus obscur à la raison. Sous sa forme première, simple, abstraite : « Rien ne vient de rien, rien ne se perd, rien ne se crée », ce principe avait presque l'évidence d'un principe logique et pouvait se ramener à cette affirmation fondamentale de l'esprit : « Il n'y a pas de fait sans cause ». Dans son nouvel énoncé il s'en faut qu'il présente à la raison la même clarté, et il enferme même quelque chose de contradictoire. La force, en somme, ne peut nous être connue et représentée que d'après le modèle intérieur qui nous est fourni par la conscience que nous prenons de notre activité. Or la force que nous expérimentons en nous-mêmes se révèle intérieurement à nous comme une puissance indéterminée, libre et indéfiniment créatrice. Il est dans son essence de produire, et si, en fait, elle a des limites, celles-ci sont imposées du dehors par les conditions réelles et physiques de l'action. De telles limites ne sauraient exister pour cette énergie cosmique qui est la seule source d'action. On se demande pourquoi on ne la concevrait pas comme inépuisable, comme indéfiniment créatrice au lieu de lui imposer cette loi de demeurer quantitativement constante. A vrai dire même, l'idée d'une énergie constante n'offre aucun sens. L'idée de persistance ne peut s'appliquer qu'à ce qui est susceptible d'être totalisé. Mais que signifie le total d'une énergie considérée comme une puissance? Quand nous parlons de la persistance, de la conservation de l'énergie, nous appliquons à la force un mot emprunté au langage du mouvement; et ici, ce mot n'a plus de valeur, ni même de sens. Le principe de la conservation de l'énergie n'est vrai que dans le monde très limité de notre expérimentation; il perd toute signification dès qu'on veut en faire une loi cosmique applicable à l'ensemble des choses.

Ainsi la loi d'évolution considérée dans sa condition même, à savoir le mécanisme, soulève les plus graves difficultés; elle n'est pas plus intelligible quand on l'envisage dans sa forme, comme consistant en un passage de l'indistinct au distinct, de l'indéterminé au déterminé, de l'homogène à l'hétérogène. Il paraît bien tout d'abord que cette formule ait un sens suffisamment clair : nous voyons en effet parfois autour de nous le semblable devenir divers sous l'influence de causes externes ou internes, des espèces engendrer des variétés, des esprits analogues se différencier par la diversité des modes d'éducation ou des carrières, une même civilisation se diviser par son extension[1]. L'évolution en tant que fait représente donc à l'esprit quelque chose d'intelligible : mais n'oublions pas qu'elle est, non pas seulement un fait, non pas même la loi de quelques faits, mais la loi universelle, la loi cosmique; ses effets doivent être contemporains de l'existence même de la matière homogène; elle doit être conçue comme donnée en même temps que celle-ci. Or dès qu'il s'agit de l'origine, en quel sens peut-on dire qu'elle est une loi? Une loi exprime une relation constante entre des phénomènes donnés : les corps s'attirent en raison directe de leurs masses, la lumière se propage en ligne droite, voilà des lois. Mais où sont ici les phénomènes entre lesquels pourrait exister la relation? Le seul moyen que nous ayons de concevoir l'action de cette évolution sur la matière c'est de la supposer au sein de cette matière comme une sorte de tendance à la différenciation. Mais alors si la différenciation est déjà

1. Lalande, *La dissolution opposée à l'évolution.*

dans la matière à l'état de tendance, ce n'est plus
une matière homogène qui est donnée, c'est une
matière déjà hétérogène et différenciée. L'évolution ne nous fournit plus une explication des
choses, elle ne nous rend pas compte du passage
de l'homogène à l'hétérogène ; les choses ne
deviennent pas par elle; elles sont données comme
différenciées de toute éternité au même titre que
la matière même. L'évolution, en un certain
sens, est faite avant que de commencer. L'évolution ne peut en somme que représenter le point
de vue étroit et limité d'un être perdu dans la
série des phénomènes qui ne saisit qu'un frag-
ment de cette série, quelques-uns des moments
d'un devenir dont le point de départ lui reste
totalement inconnu; elle ne saurait être le point
de vue d'où l'existence tout entière peut être
saisie et expliquée.

Ainsi la loi d'évolution n'est pas plus intelligible comme une loi de devenir que comme une
loi de constance. Bien plus, ces deux aspects sous
lesquels elle nous apparaît nécessairement sont
contradictoires entre eux. La loi de la conservation de l'énergie nous oblige à ne voir partout
dans les phénomènes que des modes d'une force
unique qui n'est pas atteinte par le changement;

le mécanisme, c'est l'identité fondamentale des phénomènes, c'est le passage du même au même. D'autre part l'évolution, considérée comme une différenciation progressive, c'est le passage de l'hétérogène à l'hétérogène. Selon donc qu'on l'envisage du point de vue de la quantité ou du point de vue de la qualité, l'évolution exprime une loi contradictoire. Ce n'est pas la même loi qui peut servir à expliquer l'apparition des individus et la persistance, à travers ces individus, de quelque chose qui échappe à l'individuation.

En résumé nous avons vu jusqu'à présent que, considérées en elles-mêmes, ces données de la science, la matière, le mouvement, la loi d'évolution, par lesquelles elle prétend rendre l'univers intelligible, n'offrent pas, chacune prise à part, cette même intelligibilité. Et si nous considérons maintenant que la science pose ces données comme distinctes, irréductibles les unes aux autres, également nécessaires, qu'elle multiplie ainsi les principes de l'explication, qu'ainsi elle nous laisse en présence d'autant d'inconnues posées à côté les unes des autres, sans même nous laisser entrevoir la possibilité de les ramener à une seule ou plutôt en affirmant même l'impossibilité de cette unification, ne sommes-nous pas en

droit de conclure qu'elle laisse subsister tout
entier le problème dernier qui est celui de l'unité
fondamentale des choses? Et puisque aussi bien
dans cette unification seule résiderait l'explication
dernière et la suprême intelligibilité des choses,
ne faut-il pas reconnaître qu'en renonçant à la
poursuivre, la science se déclare par là même
impuissante à résoudre le problème qu'elle avait
posé, et dont elle nous avait laissé espérer ou
fait entrevoir la solution?

**

Si telles sont bien, parmi beaucoup d'autres, les
difficultés insurmontables que soulèvent les principes de l'explication scientifique, est-il permis de
s'en tenir là et de ne pas tenter par d'autres
moyens et suivant d'autres voies, s'il en est, la
solution de ces contradictions que la science porte
avec elle? Mais, dira-t-on, ces contradictions ne
viennent pas de la science ; elles viennent de
l'esprit humain lui-même. Sa nature finie lui
interdit toute spéculation relative au principe et
à l'origine des choses. Le commencement de la
sagesse, pour lui, est de savoir ignorer. Ferme-
ment attaché à un mode de savoir limité mais

certain et qui a fait ses preuves, il doit se tenir dans le monde de ces certitudes : au delà, tout n'est pour lui que chimère et contradiction. Et c'est pour avoir convié la science à sortir de ces limites dans lesquelles elle s'enferme de parti pris que nous n'avons plus obtenu d'elle des réponses. Aussi bien, nous n'avons que faire du principe des choses; nous vivons au sein des choses mêmes dans le domaine borné mais positif des réalités sensibles : la connaissance de ces réalités a seule pour nous quelque intérêt, et en même temps elle est la seule possible, elle est l'unique tâche proportionnée à nos forces. Confessons donc, si l'on veut, qu'il y a, aux limites extrêmes du monde des sens et aux confins de l'explication scientifique, une réalité, un absolu qui nous dépasse; mais sachons nous résigner à ne pas l'atteindre, n'épuisons pas les forces de l'esprit humain en des recherches sans issue, en des problèmes insolubles. Remettons-nous en mémoire ces lignes connues de Littré : « Ce qui est au delà du savoir positif, soit, matériellement, le fond de l'espace sans bornes, soit, intellectuellement, l'enchaînement des causes sans terme, est inaccessible à l'esprit humain. Mais inaccessible ne veut pas dire nul et non existant. L'immensité, tant matérielle

qu'intellectuelle, tient par un lien étroit à nos
connaissances, et devient par cette alliance une
idée positive et de même ordre, je veux dire que,
en les touchant et en les abordant, cette immensité apparaît avec son double caractère : la réalité
et l'inaccessibilité. C'est un océan qui vient battre
notre rive, et pour lequel nous n'avons ni barque
ni voile, mais dont la claire vision est aussi salu-
taire que formidable. »

Certes le conseil est sage, et à ne consulter en
effet que certains besoins de l'homme, peut-être y
aurait-il avantage à le suivre; mais la question est
précisément de savoir s'il peut être suivi, et s'il
n'est pas d'autres besoins qui nous commandent
impérieusement de passer outre. Est-il vraiment
possible de faire à la raison sa part, et après nous
être laissés conduire par elle jusqu'aux principes,
de la congédier, comme dit Platon, sous prétexte
que ces principes lui échappent? Cette abdication
qu'on voudrait exiger d'elle, elle ne veut ni ne
peut s'y résigner. Le même besoin de comprendre
qui nous fait chercher dans les phénomènes les
lois, au-dessus des lois les éléments premiers de
l'explication scientifique, ce même besoin qui fait
la science, en un mot, nous oblige à la dépasser.
Si nous nous apercevons que la science ne le satis-

fait pas pleinement, si nous ne trouvons pas, dans
la connaissance des choses que nous donne la
science, l'unité dernière que l'esprit réclame, quoi
qu'on fasse, nous devons tenter de la chercher
ailleurs, dans un autre point de vue ou par d'autres
méthodes. Et qu'on ne vienne pas nous dire que
ce problème de l'unification absolue des choses est
en soi et par sa nature même, insoluble. Tout problème, par cela même que l'esprit le pose devant
lui comme une question, par cela même qu'il
appelle une réponse, suppose la possibilité d'une
solution. Or qui oserait prétendre que le principe
des choses ne se pose pas devant l'esprit comme
un problème? Proclamer la réalité d'un absolu,
puis le déclarer inconnaissable, interdire à l'esprit
de s'en faire une représentation quelle qu'elle soit,
c'est nier cela même qu'on affirme : du moment
que l'absolu est admis comme réel, il est connu
comme tel et cette connaissance veut se compléter,
s'achever en une représentation de sa nature. Il
n'y a de vraiment insoluble que les problèmes qui
ne peuvent même pas être posés; et l'absolu ne se
pose pas seulement : il s'impose. Il ne nous reste
même pas cette suprême ressource de le nier; car
il est en nous comme le besoin fondamental de
notre raison, et le principe directeur de toutes ses

démarches. Dès lors c'est en vain qu'on essaierait, par de mesquines considérations de prudence, d'enrayer l'élan qui nous porte à le concevoir et, l'ayant conçu, à le connaître. — Mais nous risquons de nous tromper? — Certes; mais, comme dit encore Platon, c'est un beau risque, et au surplus ce risque, il ne dépend pas de nous de ne pas le courir; il y va de la vie même de notre esprit. Renoncer à l'unité que seule l'absolu peut lui donner, ce serait en vérité, de sa part, se renoncer soi-même. L'ignorance systématique, l'abstention volontaire est précisément la seule attitude qu'il ne puisse pas prendre, car elle équivaudrait pour lui à un véritable suicide : l'erreur est en tous points préférable. « Sur de telles questions, a dit Claude Bernard, nous aimons mieux nous tromper que de nous taire. »

L'erreur, au demeurant, est-elle irrémédiable, nécessaire? Pour en décider suffit-il de rappeler avec complaisance les contradictions et les insuffisances de toutes les tentatives qui ont pu être faites dans ce sens? S'il est illégitime de proclamer dès à présent la faillite de la science, l'est-il donc moins de proclamer la banqueroute de la métaphysique, entendue comme la recherche de l'absolu. Il faudrait d'autres raisons que des raisons de fait

empruntées à l'histoire des systèmes : il en faudrait trouver la démonstration dans une critique
de l'esprit humain et de ses moyens de connaître
d'une part, et d'autre part dans une théorie de
l'objet de la connaissance. Alors seulement on
pourrait, ayant montré la disproportion qui existe
entre l'instrument et sa fin, conclure à l'impossibilité radicale d'atteindre l'une par l'autre, et à
l'impuissance de la raison elle-même. Mais n'appa-
raît-il pas manifestement qu'une telle critique,
soit de l'esprit, soit de l'être, démentirait à l'avance
les conclusions auxquelles elle se proposerait
d'aboutir? Que serait-elle autre chose qu'une vue
sur la nature de l'être et de l'esprit? Que serait-elle
sinon une théorie de l'absolu supposant ainsi possible à priori cette connaissance dont elle préten-
drait montrer l'illégitimité? Aristote déjà l'avait
dit : « Il faut encore faire de la métaphysique pour
prouver qu'on ne peut en faire ».

Une double conclusion paraît résulter de la dis-
cussion qui précède : impuissance de la science à
rendre l'univers intelligible à l'esprit humain,
besoin impérieux pour l'esprit humain de concevoir l'univers comme intelligible. D'où cette dernière conséquence enfin : nécessité de tenter par
ailleurs l'œuvre d'explication que la science laisse

incomplète et inachevée. Il y a sur les choses un
autre point de vue que celui de la science positive
et ce point de vue, c'est précisément celui de la
philosophie ou de la métaphysique. Ce point de
vue nouveau quel est-il ou peut-il être? Il ne saurait être question en ce moment d'esquisser même
à grands traits un tel travail. Ce serait assez, à
coup sûr, que d'indiquer la voie par où on pourrait l'entreprendre.

Le type de la connaissance scientifique est la
connaissance objective, c'est-à-dire la connaissance
que nous avons des objets, des choses situées hors
de nous : c'est en somme l'expérience sensible.
Même quand elle étudie l'esprit humain et l'être
conscient, elle substitue au plus vite, comme
capable de nous faire mieux atteindre la vérité, à
l'expérience interne de la conscience, la connaissance de ses manifestations extérieures : elle l'étudie
surtout du dehors, comme un objet qu'il lui suffit
de mettre à sa place dans la série des êtres. Si elle
veut bien reconnaître que la connaissance de
l'esprit humain a un intérêt capital pour l'homme,
elle n'attribue au fait de la conscience aucune
importance particulière au point de vue d'une
explication de l'univers. L'être conscient n'est en
somme à ses yeux qu'un accident, un épisode dans

le développement des existences, et si elle s'y
arrête plus longuement et avec plus de complaisance c'est uniquement pour des raisons d'intérêt
pratique, en quelque sorte, parce que l'homme,
qui fait la science, éprouve le besoin légitime de
la faire à son usage, de faire converger vers lui
toutes ses vérités, et aussi parce qu'étant placé au
sommet de l'échelle des êtres il mérite une étude
spéciale. Encore ne serait-il pas difficile de faire
avouer à un positiviste vraiment conséquent, qu'il
n'y a là qu'une illusion, un reste de préjugé
anthropomorphique, une habitude invétérée chez
l'homme de se prendre pour centre et fin de la
nature, et qu'en réalité au regard de l'univers,
l'homme n'a pas plus d'importance ni de signification que tel ou tel minéral. Est-il vrai cependant
qu'il en soit ainsi, que la conscience soit un phénomène comme les autres, que le sujet pensant,
l'homme, puisse être considéré comme un terme
quelconque dans la série des phénomènes et des
êtres, et n'y aurait-il pas là précisément une illusion inverse de l'autre, illusion fondamentale d'où
dériverait l'impuissance de la science à saisir le
vrai principe des choses?

Et d'abord, une seule remarque suffirait à
mettre d'un coup en pleine lumière l'importance

singulière de la conscience, c'est qu'elle est le
centre, le point de vue duquel toutes choses nous
sont représentées et connues, et qu'ainsi elle est
à la lettre le lieu de l'univers. Écoutons sur ce
point Schopenhauer : « Deux choses étaient devant
moi, deux corps pesants, de forme régulière, beaux
à voir. L'un était un vase de jaspe avec des anses
d'or; l'autre un corps organisé, un homme.
Après les avoir longtemps admirés du dehors, je
priai le génie qui m'accompagnait de me laisser
pénétrer dans leur intérieur. Il me le permit, et
dans le vase je ne trouvai rien sinon la pression
de la pesanteur, et je ne sais quelle obscure tendance entre ses parties; mais quand je pénétrai
dans l'autre objet, quelle surprise! Dans la partie
supérieure appelée la tête, et qui, vue du dehors,
ressemblait à un objet comme les autres, circonscrit dans l'espace, pesant, etc., je trouvai quoi?
Ce monde lui-même, avec l'immensité de l'espace
dans lequel le Tout est contenu, et l'immensité
du temps dans lequel tout se meut, et la prodi-
gieuse variété des choses qui remplissent l'espace
et le temps, et, ce qui est presque insensé à dire,
je m'y aperçus moi-même, allant et venant. Oui,
voilà ce que je découvris dans cet objet à peine
aussi gros qu'un gros fruit, et que le bourreau

peut faire tomber d'un seul coup, de manière à plonger du même coup dans la nuit le monde qui y est renfermé. » (*Le Monde comme Volonté et Représentation.*) L'univers entier avec l'infinité de ses phénomènes et de ses formes, la matière avec toutes ses propriétés, tout cela n'existe que pour le sujet qui pense, tout cela même n'existe que par lui. Y aurait-il une lumière sans un œil pour la percevoir, un son sans une oreille qui l'entende, une chaleur sans un organe du toucher? Ce que nous appelons les qualités de la matière qu'est-ce autre chose que nos sensations, le résultat de certaines impressions que fait sur nos organes un je ne sais quoi dont la nature nous est inconnue? Supprimez la conscience et c'est la nuit, c'est le silence, c'est le néant. Lors donc que la science nous parle d'une matière antérieure à toute existence consciente, cette matière fût-elle réduite à un minimum de qualités, à l'étendue et au mouvement dans l'étendue, nous avons le droit de répondre que nous ne savons pas ce que cela signifie, car l'étendue ne peut être que si elle est perçue comme espace par un être sentant, et le mouvement ne peut exister que pour un être capable de percevoir des changements dans le temps et dans l'espace. Lorsque la science traite la matière et ses qualités comme des choses existant par soi, et lorsqu'elle les projette hors de la conscience comme les principes d'où la conscience elle-même est sortie au bout d'une série plus ou moins longue de transformations, c'est elle qui est la dupe d'une illusion, de cette illusion réaliste en vertu de laquelle nous attribuons à nos sensations la valeur de qualités situées hors de nous, existant indépendamment de nous. Lorsqu'elle croit faire l'histoire de la nature, elle ne fait que l'histoire de l'esprit et de ses représentations. Ces principes qu'elle prend pour des réalités ne sont en dernière analyse que des idées plus simples auxquelles elle ramène le spectacle infiniment varié des choses. Quoi qu'elle fasse, elle se meut dans le cercle de nos sensations sans en pouvoir jamais sortir; quoi qu'elle dise, elle ne peut parler que le langage de l'esprit, parce que c'est dans l'esprit seul que la réalité lui est vraiment donnée. Quant à cette réalité objective, elle n'en peut rien dire, et tant qu'elle se borne à l'expérience sensible, elle ne saurait même pas décider si elle existe ou si elle n'est qu'une fantasmagorie, un fantôme de notre imagination. Et si nos sensations ne nous donnent déjà que le symbole figuré par nous d'une réalité en elle-même inconnue, la science qui dégage et abstrait de l'expérience un univers simplifié, ne fait que nous donner le symbole d'un symbole. Qui ne voit dès lors combien est singulière l'illusion par laquelle elle prétend donner à ce symbolisme du second degré pour ainsi dire, la valeur d'une histoire réelle et d'une explication objective? Faute donc de voir suffisamment l'importance du phénomène de la conscience et de la pensée et le rôle essentiel qu'elle joue dans notre connaissance des choses, la science, dès qu'elle prétend à l'explication totale, verse nécessairement dans l'erreur du réalisme, et prend pour des principes d'être des notions empruntées au langage de la pensée.

Maintenant, cet être que la science cherche vainement dans les choses, la conscience ne nous le fait-elle pas saisir en nous-mêmes? Et ici encore la conscience ne se révèle-t-elle pas à nous comme un fait unique et capital? au lieu que nos sens ne peuvent atteindre directement hors de nous aucune réalité, la sensation étant l'intermédiaire nécessaire qui s'interpose entre le sujet et l'objet, la conscience, en laquelle seule les sensations existent et où elles viennent s'ordonner, nous donne le sentiment immédiat, direct de notre réalité à nous. Il y a dans le sujet qui se connaît lui-même une donnée nouvelle qu'il chercherait vainement ailleurs, c'est l'existence, non plus seulement à titre d'apparence relative, mais comme réalité absolue. Il n'est pas d'évidence, pas de clarté qui puisse rivaliser avec celle de cette donnée fondamentale. Le fait de mon existence n'est pas seulement, comme disait Descartes, de tous le plus certain : il est le seul certain. Je puis me tromper sur la nature de cette existence; mais le sentiment que j'ai d'exister ne saurait me tromper : car il est au fond de toutes les démarches de ma pensée et si, par impossible, j'essayais de le nier, il serait au fond de ma négation même. Si donc l'être ne nous est connu que dans la conscience et par elle, qui ne voit désormais combien est incomplète et nécessairement viciée dans son principe toute tentative d'explication qui ne prend pas son point de départ dans la conscience, et dans sa donnée essentielle? C'est décidément l'optique de la conscience qui est la vraie. C'est de son point de vue que doit être expliqué tout le reste. Cette notion d'être n'est pas du tout une abstraction de métaphysiciens : elle est la plus concrète, la plus riche, la plus profonde, la plus réelle de toutes, la seule après tout dont la réalité ne puisse être contestée. La conscience, voilà la seule voie par où je puisse m'échapper de ce cercle magique d'apparences où la sensation me tenait enfermé, la seule porte qui me soit ouverte sur le monde des existences réelles. C'est en vain que je cherchais le secret des choses hors de moi où je ne saisis que des ombres, il est en moi où je sens vivre et palpiter l'être.

Ce point de vue de la conscience, c'est exactement celui de la philosophie, de la métaphysique. Contrairement à la science qui ne voit dans l'esprit qu'un phénomène perdu au sein de l'univers, le philosophe restitue à l'esprit sa vraie place et son vrai rôle de réalité centrale, et ne voit l'univers que réfléchi en lui. Contrairement à la science qui élimine soigneusement de ses explications la notion d'être comme la plus vide de toutes, la philosophie fait de cette notion le principe de toute son explication; mais pour cela elle va la puiser à sa vraie source, dans l'intuition interne où elle lui apparaît dans toute sa plénitude et toute sa richesse. C'est à l'aide de cette notion qu'elle s'efforce de poursuivre l'unification et l'explication du monde des phénomènes et des apparences. Au lieu que la science projette l'esprit dans la série des choses qui n'existent que par

lui, la philosophie intègre les choses dans l'esprit
et les fait jaillir de lui. Il n'y a donc pas là deux
parties du savoir qui se prolongent l'une l'autre,
mais deux modes de savoir, deux visions différentes des choses, dont chacune a sa légitimité et
sa raison d'être. La science est souveraine dans le
monde des phénomènes et de leurs relations, et
comme c'est au sein de ces relations que nous
vivons, elle a un rôle nécessaire. S'il est vrai
d'autre part que ce monde de phénomènes et de
rapports ne suffit pas à s'expliquer lui-même, il
faut bien pour l'expliquer recourir à un autre
mode de connaissance qui soit capable de nous
faire atteindre l'absolu. La science et la philosophie se complètent donc nécessairement, non pas
en ce sens qu'elles s'ajouteraient ou se superposeraient l'une à l'autre, mais en ce qu'elles correspondent à la double face des choses, en ce qu'elles
expriment le double regard que l'homme jette
autour de lui et sur lui-même. Aveugle, sans doute,
la philosophie qui fermerait les yeux au soleil et au
spectacle de la merveilleuse fécondité par laquelle
l'être se révèle, mais plus aveugle encore la
science qui fermerait les yeux à la clarté intérieure
et refuserait de se laisser guider par elle hors du
monde des apparences et du royaume des ombres.

V

Critique du savoir scientifique
au point de vue pratique.

L'action, plutôt encore que la pensée, est le
but suprême de la vie. Un savoir purement spéculatif et contemplatif serait, non pas seulement
incomplet, mais en quelque sorte stérile et vain.
Une explication de l'univers ne doit pas se borner
à nous permettre de comprendre ce qu'est le
monde et ce qu'est l'homme, elle doit révéler à
l'homme son rôle dans le monde. Une théorie des
choses doit en même temps contenir une conception de la vie et assigner à l'action sa fin. Ce n'est
donc pas assez, si l'on veut apprécier à sa vraie
valeur la science, que de rechercher si elle est
capable de satisfaire à toutes les exigences théo-
riques de la raison, il faut encore se demander si

elle est suffisante pratiquement, si elle est en état
de fournir les règles qui nous sont nécessaires
pour orienter notre conduite et guider notre activité.

Ce n'est pas là une des moindres prétentions de
la science. Auguste Comte a bien compris que le
savoir positif ne saurait prétendre à l'universalité
que du jour où il aurait servi à fonder un système
rationnel d'action, une morale indépendante de
toute hypothèse métaphysique ou de toute
croyance religieuse; faute de quoi, l'homme
resterait toujours asservi en ce qui concerne la
loi de ses actes aux anciens préjugés des morales
philosophiques, et la science elle-même manque-
rait à une de ses fonctions essentielles. Aussi à
mesure que se précisait et se développait dans
son esprit l'idée de la science positive, Comte
a-t-il été plus vivement préoccupé de sa destination pratique, plus profondément pénétré de la
nécessité de faire converger ses vérités essentielles
non seulement vers une théorie de l'homme
moral, mais encore et surtout vers une doctrine
positive de l'action humaine. C'est ainsi que
l'homme ou plutôt l'Humanité qui, au point de
vue théorique, n'était qu'un des problèmes que la
réalité propose à la science, devenait, au point de

vue pratique, le problème capital et unique. On
sait comment il l'a, pour son compte, résolu.
Selon lui, le dernier mot de la science sur
l'homme, c'est l'affirmation de sa dépendance
absolue, en tant qu'individu moral, de son milieu
physique, et surtout de son milieu social.
L'homme, dans ses hautes fonctions d'être conscient et pensant, ne peut être expliqué que si on
le considère comme le résultat historique du
développement de l'espèce tout entière. L'individu humain n'est ce qu'il est que par l'effet de la
vie en commun avec d'autres individus ; toutes
ses facultés morales se sont formées en lui sous
l'influence des nécessités sociales et en correspon-
dance avec elles : c'est donc la sociologie, c'est-
à-dire l'étude de l'homme collectif, qui seule peut
expliquer la nature de l'homme moral.

La conséquence de cette dépendance, au point
de vue pratique, c'est que toute réglementation
de la conduite individuelle ne saurait avoir
d'autres principes que les lois de l'action sociale
et collective et, par conséquent, doit emprunter
ses principes à la sociologie, qui est précisément
la science de ces lois. Si l'homme ne vit que par
l'Humanité, il ne doit vivre que pour l'Humanité ;
il doit subordonner sa propre existence à la

vie de ce grand Être, et régler ses actes, non
d'après les besoins de son éphémère individualité, mais d'après ceux du grand corps dont il
dépend. Tout égoïsme, par conséquent, c'est-à-
dire toute forme d'action inspirée uniquement par
le sentiment du besoin individuel, manque à la
véritable destination de l'homme, est en contradiction avec sa fin, est à la fois illogique et stérile;
seul le dévouement, l'amour est dans l'ordre de la
nature, et, seul, il est créateur.

La science peut donc, sans faire autre chose
que de développer les données de l'expérience et
de l'histoire, fonder une pratique véritablement
indépendante et dont les préceptes par suite
échappent à toute controverse. Les disciples
directs ou indirects d'Auguste Comte, Littré et surtout Herb. Spencer, ont continué, quoique sur des
données un peu différentes et sur d'autres bases,
l'œuvre du maître, et ont également tenté de
constituer une morale scientifique et naturaliste.
Nous n'avons pas le dessein d'examiner en détail
tous ces différents systèmes. De même que, dans
notre critique du savoir scientifique au point de
vue théorique, nous avons considéré beaucoup
moins les détails de l'explication scientifique de
l'univers que l'idée d'une telle explication, de

même ce que nous voulons critiquer ici, ce sont beaucoup moins les différents systèmes de morale inspirés par la science positive, que l'idée même d'une morale scientifique, et la méthode qui consiste à vouloir fonder une pratique sur des vérités uniquement empruntées au savoir positif. Mais auparavant, il n'est pas inopportun de nous demander ce qu'il faut entendre précisément par une règle de l'action.

*
* *

L'activité, c'est-à-dire le pouvoir de manifester au dehors sa vie propre par des mouvements appelés des actes, n'appartient pas exlusivement à l'homme. Elle commence avec la vie et sa première forme est la spontanéité de l'être vivant : le mollusque qui sous l'impression d'un choc extérieur se retire brusquement au fond de son enveloppe protectrice et, s'il est bivalve, ferme sa coquille, le ver de terre qui, au moindre contact, se replie sur lui-même par une rétraction de ses anneaux, témoignent par ces mouvements d'un certain pouvoir interne de réaction contre les excitations venues du dehors. Cette *réactivité* est le mode inférieur et élémentaire de l'action; elle

se trouve déjà dans le tissu vivant; elle est
l'action vitale proprement dite : c'est l'activité
réflexe, qui consiste uniquement en des réponses
mécaniques aux impressions extérieures. Mais
déjà chez l'animal on remarque des mouvements
qui supposent un mode d'activité assez différent :
ce même mollusque, qui lorsqu'on le touche
ferme sa coquille, abandonné à lui-même, la
rouvre pour laisser venir jusqu'à lui les éléments
dont il doit se nourrir et faire sa propre substance; le ver de terre se meut de lui-même vers
sa proie. Ici le mouvement ne peut plus être considéré comme l'effet d'une excitation étrangère; il
est le résultat d'une excitation interne, d'un sti-
mulus physiologique et non plus physique, qui
est le besoin sous sa forme fondamentale, le besoin
de nourriture, la faim. Cette nouvelle forme de
l'activité dont le besoin est le ressort tout intérieur
c'est l'*instinct*. A mesure que l'animal se com-
plique, à mesure que ses fonctions se multiplient
et se diversifient, à mesure aussi les besoins
s'accroissent, et, à mesure, l'instinct revêt des
formes plus nombreuses et plus compliquées;
chaque besoin, chaque fonction donne naissance
à des mouvements appropriés par le moyen
desquels la fonction s'exerce et le besoin se

satisfait. L'araignée qui tisse sa toile et la tend comme un filet où se viendra prendre la mouche dont elle fait sa nourriture, l'oiseau qui vole et construit son nid, le castor qui maçonne les digues dont il barre les fleuves pour préserver de l'eau la hutte où il vit, manifestent à coup sûr un instinct très supérieur à celui de l'huître et du ver de terre. Cependant tous ces actes, tellement complexes, si exactement combinés et ajustés à leurs fins qu'ils imitent l'intelligence et l'industrie humaines, n'ont pas d'autre principe, d'autre ressort que la poussée obscure du besoin, d'autre loi que celle de l'habitude et de la routine. Transportez un castor au cinquième étage d'une maison et donnez-lui les éléments de son industrie, il construira sa digue comme s'il était encore menacé de l'inondation : c'est que, né du besoin, l'instinct, par une sorte de vitesse acquise, survit au besoin lui-même, et ne s'adapte que d'une façon très lente et presque insensible à des conditions et des nécessités nouvelles.

L'homme est un animal : il y a en lui de l'activité réflexe et de l'activité instinctive. L'enfant qui vient de naître ferme les paupières si on fait tomber sur ses yeux une lumière trop vive, et réagit ainsi par un véritable réflexe contre une impression extérieure; mais aussi il sait, sans qu'on le lui ait appris, téter le sein de sa mère, et sous la poussée de la faim exécute presque sans tâtonnements les divers mouvements dont se compose cet acte si complexe dans son apparente simplicité. Tous les actes de notre vie organique ne sont que des actes réflexes ou instinctifs. Mais avec l'homme nous voyons apparaître un nouveau mode d'activité, l'activité consciente et intelligente, la *volonté*. Le principe de l'acte volontaire est interne, comme celui de l'acte instinctif; mais ce n'est plus ce ressort aveugle et en quelque sorte mécanique et fatal qui s'appelle le besoin : c'est un principe qui agit à la pleine clarté de la conscience, c'est la représentation, c'est l'idée et c'est le jugement. Un acte volontaire, c'est une idée traduite en mouvement, c'est une affirmation pratique. Je veux remuer mon bras, je le remue : cela signifie que j'ai conçu tout d'abord l'idée de ce mouvement et que le mouvement lui-même a été déterminé par son idée. Avec l'activité consciente et volontaire, non seulement les possibilités d'action se multiplient indéfiniment, mais encore les actions elles-mêmes acquièrent une souplesse, une variété que l'instinct ne pouvait leur donner. Les actes instinctifs sont figés pour ainsi dire dans une forme à peu près invariable, l'instinct apporte avec lui-même sa règle, sa pratique ; la réflexion, quand elle vient s'y mêler, bien loin de le corriger, le trouble et lui fait souvent manquer sa fin. Un être purement instinctif n'a pas besoin d'autre loi : sa nature lui impose des fins définies par ses besoins, et ces besoins à leur tour vont d'eux-mêmes à leur satisfaction par le moyen des instincts auxquels ils ont donné naissance. L'animal, s'il ressent le besoin, ignore également les fins qu'il poursuit et les moyens qu'il emploie. Tout autre est l'être raisonnable. Par cela même qu'il conçoit ses actes avant de les accomplir, ces actes sont pour lui des fins, et la représentation de ces fins s'accompagne en lui de la représentation de certains moyens qu'il juge plus ou moins propres à l'atteindre. Ces moyens ne sont pas également infaillibles comme dans le cas de l'instinct. Si je veux déplacer une pierre de 1 000 kilogrammes, par exemple, ma première idée est sans doute d'y employer la force de mes bras, mais cette idée n'est pas la meilleure, et je ne tarde pas à m'en apercevoir lorsque j'en fais l'essai ; rien de plus facile, au contraire, si je me sers d'un levier. La connaissance des moyens appropriés n'est donc pas donnée immédiatement avec la représentation des fins comme dans l'instinct, et entre la conception d'un acte et sa réalisation il y a place ici pour une technique, une science des moyens, une pratique, en un mot. La volonté apporte donc avec elle la nécessité d'une réglementation de l'activité en vue de lui assurer le maximum d'effet dans la poursuite de ses fins. Le type de cette réglementation est celle que nous trouvons dans les arts mécaniques. Ces arts empruntent certaines fins aux besoins les plus généraux de l'industrie humaine (élever des fardeaux, moudre le blé, tisser la laine, etc.) et enseignent les règles pratiques les plus propres à les réaliser.

Mais la volonté demande une autre règle encore. L'être doué d'intelligence et de volonté peut, en effet, non seulement se tromper dans le choix des moyens, mais encore dans le choix des fins elles-mêmes. En élargissant l'horizon des actes possibles l'intelligence ne nous permet pas uniquement de dépasser le besoin auquel s'arrête l'instinct ; elle nous fait concevoir des fins contraires au besoin lui-même. Si elle est une faculté de prévision qui nous permet de parer longtemps à l'avance et d'une façon indirecte à des nécessités lointaines, elle peut fort bien commettre des erreurs dans ses prévisions et dans ses calculs, nous montrer l'uti-

lité là où elle n'est pas, nous donner du bonheur
une fausse image, et égarer ainsi notre activité à
la poursuite de fins soit chimériques, soit trom-
peuses. On conçoit dès lors la nécessité d'une
science qui enseigne à la volonté le choix entre les
diverses fins secondaires, qui lui montre parmi les
modes possibles de l'action ceux qui peuvent le
mieux la conduire au bonheur, comme à sa fin
naturelle. Cette science serait, elle aussi, une pratique, une science de l'action, élevée d'un degré
au-dessus de la première, puisqu'elle porterait non
plus sur les moyens, mais sur les fins mêmes de
l'action. Un exemple caractéristique d'une science
pratique de cette nature nous est donné par
l'hygiène. L'hygiène considère la santé comme
l'état normal, naturel, comme la fin même de
l'organisme, et elle nous propose les fins secondaires et immédiates les plus propres à assurer le
jeu harmonieux des fonctions qui constitue l'état
de santé.

Mais le propre de l'être doué de conscience et
de volonté c'est de s'affranchir du besoin lui-même,
de concevoir au-dessus des fins naturelles, et du
bonheur qui les résume, certaines fins idéales, de
sentir en lui-même à la fois une puissance infinie
de vouloir, et la nécessité de soumettre cette

puissance infinie à une règle, à un devoir. Le bien
et le mal qui, pour l'être doué seulement de besoins
et d'instincts, se confondent avec le plaisir ou la
peine, prennent pour l'être raisonnable une tout
autre signification : ils consistent dans l'obéissance
ou la désobéissance à cette loi suprême de la conscience. Cette loi une fois conçue devient la règle
unique, et avec elle apparaît, au-dessus du règne
de la nature, le règne de la moralité proprement
dite. Tant qu'elle se limite en effet à la recherche
du bonheur, la pratique reste dans les voies de la
nature, et consiste seulement dans une réglementation judicieuse des tendances par l'usage des
facultés raisonnantes : mais la raison apporte
avec elle sa fin propre, le bien, fin supérieure à
la nature, et à l'égard de laquelle la nature elle-
même est posée comme un moyen. Cette fin étant
située hors de la nature exige pour être atteinte
non plus seulement le jeu des tendances naturelles,
mais une forme plus haute et plus indépendante
d'activité, la liberté. Avec l'être conscient et raisonnable apparaît donc la notion d'une loi vraiment morale qui donne aux idées de bien et de
mal un tout autre sens que le sens psychologique
de bonheur et de malheur, et, comme conséquence,
une formule nouvelle d'action que la volonté se

pose à elle-même comme l'idéal propre à l'être moral. Ainsi au-dessus de cette pratique qui a pour fin le bonheur, on conçoit une pratique idéale en quelque sorte, qui a pour fin le bien et la moralité. La science de cette pratique suprême, qui détermine sa fin et sa loi, c'est proprement la *morale*. La morale est proprement la science de la conduite, au sens le plus élevé du mot. Elle emprunte à la conscience la notion d'une règle idéale et le sentiment de la liberté, et elle cherche la formule de cette règle, la loi de cette liberté pour les traduire ensuite en maximes d'action. La loi qu'elle pose commande à l'être moral non pas comme une loi naturelle qui ne ferait appel qu'au mécanisme des instincts, mais comme une loi morale, c'est-à-dire une loi d'obligation dont l'autorité absolue réside dans l'assentiment que lui donne sa raison. C'est un impératif *absolu* qui décide sans restrictions ni réserves ce que nous devons faire et ce que nous devons ne pas faire, non pas seulement en vue du bonheur qui n'est qu'une fin secondaire, mais en vue du bien qui est la fin en soi.

Si tel est véritablement l'objet de la morale, si telle est véritablement la fin de la conduite, si telle est la destination supérieure de l'être moral,

la science pourra-t-elle, par les seules lumières
qu'elle nous donne sur la nature et sur l'homme,
nous servir à déterminer cette fin? pourra-t-elle
satisfaire à toutes les aspirations de la conscience?
pourra-t-elle, en un mot, fonder cette pratique
supérieure qui est la moralité, ou bien ne reste-
t-elle pas condamnée par le genre même des vérités
qu'elle nous enseigne, à fonder simplement cette
pratique inférieure qui serait une technique du
bonheur, une sorte d'hygiène morale?

Rappelons brièvement les conclusions dernières
de la science relatives à l'homme moral. Ce que
nous appelons les facultés morales de l'homme, la
conscience, l'intelligence, la volonté, ne sont pas
les manifestations d'un principe spirituel distinct
et indépendant : elles ne sont qu'un prolongement,
une promotion de ses fonctions organiques; la
conscience n'est qu'une fonction supérieure de
l'activité cérébrale, l'intelligence n'est qu'un mode
perfectionné de la fonction d'adaptation, la
volonté n'est pas autre chose que le désir éclairé
par l'intelligence. Quant aux sentiments et aux
notions qui forment le contenu même de la conscience, ils ont tous pour origine commune la sensation, l'expérience. La raison n'est pas dans
l'homme une lumière surnaturelle : ses principes

ne font que réfléchir et exprimer les liaisons constantes qui existent dans les choses, et l'ordre même
de la nature, et leur innéité apparente n'est que
l'effet d'une longue hérédité : la notion d'un bien
et d'un mal, d'un devoir, d'une loi obligatoire, est
dérivée de la contrainte que la vie sociale impose
à notre volonté en nous obligeant à sacrifier notre
bien au bien général. Quant au sentiment de notre
liberté, il est illusoire, et vient surtout de ce que
nous ignorons le plus souvent les mobiles cachés
de nos actes; notre activité consciente étant
étroitement dépendante de ses conditions organiques, il n'y a aucune place dans l'homme pour
un pouvoir comme la liberté. Ce pouvoir créateur
serait un véritable scandale au sein d'une nature
régie par le principe de la conservation de la force.
Bref, l'homme n'est pas dans l'univers comme
un empire dans un empire : il est soumis aux
mêmes lois nécessaires qui régissent tous les autres
êtres. Son intelligence lui permet de connaître
cette nécessité, sans lui donner les moyens de s'en
affranchir.

Traduisons maintenant en préceptes pratiques
ces affirmations relatives à la nature de l'homme
et voyons quel est le système de conduite qui en
résulte. Peut-être pourrions-nous déjà élever cette

objection fondamentale que si l'homme est
entraîné par la même nécessité que tous les
autres êtres, il est inutile et superflu de prétendre
réglementer cette nécessité; le même détermi-
nisme naturel qui a donné naissance à ses facultés
actives en règle l'usage et l'emploi; c'est la
nature qui impose à l'homme sa fin, c'est elle
aussi qui lui impose les moyens propres à l'atteindre. Dès lors l'homme n'a que faire d'une
science de l'action; il n'a qu'à s'en rapporter à
l'instinct et au besoin qui représentent en lui la
loi de la nature. Nous ne nous arrêterons pas
cependant à cette objection : on pourrait nous
répondre en effet que l'intelligence est capable
d'intervenir d'une façon efficace pour éclairer le
besoin, qu'en nous renseignant sur les fins et les
lois de la nature, elle nous dirige d'une façon
beaucoup plus sûre et rapide que l'instinct, et que,
par conséquent, il y a place pour une théorie de
l'action selon les lois et dans les limites de la
nécessité naturelle. Voyons donc ce que peut être
une telle théorie.

L'homme, quoi qu'il fasse, ne peut s'affranchir
de la nature. La loi de son action ne pourra donc
être que celle-ci : suivre la nature. — Mais cette
loi beaucoup trop générale; il faut la préciser.

Que faut-il entendre précisément par la « nature »?
Est-ce la nature hors de nous, considérée comme
l'ensemble des choses, ou bien est-ce notre
propre nature? Devrons-nous conformer notre
action à l'ordre universel, sans avoir égard à nos
fins propres, ou bien au contraire devrons-nous
céder aux besoins propres de notre être sans avoir
égard à l'ordre universel? Il y a là en réalité deux
interprétations très différentes du précepte fondamental : la première aboutit à une loi de résigna-
tion et de fatalité, la seconde à une loi d'action
et d'effort; la première nous convie à nous plier à
l'inflexible nécessité des choses; la seconde nous
ordonne de faire servir les choses à nos propres
fins. De ces deux interprétations quelle est la
vraie? La science ne saurait nous le dire, car
pour se prononcer entre elles il faudrait décider
lequel des deux, de l'homme ou de l'univers physique, exprime le mieux la nature, il faudrait par
conséquent avoir découvert par delà les choses leur
sens caché, il faudrait, en un mot, dépassant les
faits, avoir trouvé un principe qui permît de les
juger souverainement. Dira-t-on, pour échapper
à la difficulté, que ces deux lois ne sont contradictoires qu'en apparence, qu'en réalité il y a une
harmonie fondamentale entre les fins de l'homme

et celles de l'univers, et qu'il est indifférent de
poursuivre les unes ou les autres? Ici les faits
protestent. — D'où vient en effet que l'homme
est si souvent en révolte contre les nécessités naturelles, sinon parce qu'il les trouve en contradiction avec ses propres besoins? Pour affirmer
malgré tout l'harmonie dernière de la nature et
de l'homme, il faut donc méconnaître tous les
faits qui témoignent au contraire de leur opposition; il faut dépasser, par un optimisme que la
science ne justifie en rien, les données de l'expérience.

Supposons maintenant que nous ayons pu
sortir de cette difficulté et que la science nous
enseigne que l'homme doit suivre *sa propre
nature*. Il semble bien d'ailleurs, à la vérité, que
ce soit l'interprétation la plus conforme au sens
général de l'explication scientifique. Le précepte
moral ainsi précisé sera-t-il beaucoup plus clair?

N'oublions pas que deux grandes écoles de
morale de l'antiquité avaient pu exprimer par cette
même maxime deux systèmes tout à fait opposés.
La nature humaine, en effet, est extrêmement
complexe, composée de tendances très diverses et
qui ne sont pas toujours d'accord. L'homme est
d'abord un être physique, un animal qui, à ce

titre, participe aux nécessités de la vie organique, qui a ses besoins, ses instincts, et qui, comme tel, obéit à la loi vitale par excellence, la loi de conservation personnelle. Mais il est de plus un être intelligent, ouvert à des idées générales, en qui se rencontrent des inclinations altruistes, et, comme tel, il mène une vie sociale dont la loi essentielle est au contraire le dévouement aux autres, la subordination du bien personnel au bien général. De ces deux êtres, l'un physique, l'autre moral et social, lequel exprime le mieux la nature de l'homme, et lequel devra prendre le pas sur l'autre? Au simple point de vue des faits, il est évident que l'instinct sous sa forme égoïste représente une loi naturelle tout aussi pressante et tout aussi légitime que le sentiment social. — Ceux-là donc paraissent être beaucoup plus dans la vérité de la nature qui ne reconnaissent à l'homme d'autre loi que son plaisir ou son intérêt.

Dira-t-on, ici encore, que l'opposition n'est qu'apparente, que la vie sociale est un mode perfectionné d'existence plus complète et plus élevée où l'appétit du bonheur individuel, où l'instinct de conservation physique lui-même trouvent leur compte, que le dévouement aux autres n'est qu'une forme supérieure d'égoïsme plus savant et aussi

plus sûr, que la société, née du besoin individuel,
peut le satisfaire mieux que l'effort isolé de l'individu, et qu'ainsi notre propre intérêt nous commande le sacrifice de nos jouissances personnelles
au bonheur de tous? Mais contre cette prétendue
harmonie fondamentale des intérêts, cet accord de
l'intérêt particulier avec l'intérêt général, les faits
encore protestent : ce qui est donné beaucoup
plutôt comme évident et comme certain, c'est leur
antagonisme. Et cet antagonisme précisément
explique que la loi sociale fondée sur l'intérêt
général soit le plus souvent pour nous une loi de
contrainte. Mais, ajoute-t-on, cette opposition n'est
que provisoire, elle cessera le jour où chacun sera
mieux instruit de son véritable intérêt. Soit,
répondrons-nous; seulement il faut avouer alors
qu'on n'invoque plus une loi d'expérience ; on
nous commande, non plus au nom de l'harmonie
présente, réelle, effective des intérêts, mais au
nom de leur harmonie future, qui reste en somme
hypothétique. Au lieu de partir du fait que les
intérêts sont harmoniques pour nous demander
de poursuivre notre bien propre à travers le bien
général, on nous demande tout d'abord de tra-
vailler au bonheur général, en nous assurant que
l'accord se fera de tous les égoïsmes, si chacun

commence par faire l'abandon du sien propre.
Mais pourquoi me dévouerais-je dès à présent, si
je ne dois rien recevoir en échange de mon dévouement? Pourquoi sacrifier un intérêt très réel et
très actuel à l'incertaine réalisation d'un avenir
dont ne profiteront que mes arrière-petits-neveux?
Au surplus, puisque l'égoïsme est bien la loi de
l'être, et puisque la loi sociale elle-même n'est
qu'une loi d'intérêt déguisée, pourquoi ne pas
aller tout droit à mon bien sans passer par le
chemin détourné du bonheur social? Et si leur
harmonie est nécessaire, en travaillant directement et uniquement à mon propre avantage je
servirai après tout à l'intérêt commun. En réalité
on m'ordonne de sacrifier mon égoïsme à l'égoïsme
des autres, mon bonheur au bonheur d'autrui, sans
aucune autre compensation que de songer qu'à la
longue et en des temps que je ne connaîtrai point,
mon sacrifice aura contribué au bonheur de l'*humanité*. Mais c'est trop me demander, tant, du
moins, que l'on ne m'a pas montré que c'est
l'*humanité* qui est ma vraie nature, la fin et par
conséquent la loi de mon individualité.

C'est en effet la conclusion à laquelle, comme
nous l'avons vu, aboutit chez Comte et aussi chez
Spencer la morale positive. Mais alors l'huma-

nité est posée au-dessus de l'individu comme le type supérieur d'existence que la nature lui commande de réaliser. C'est l'humanité seule qui existe, l'individu n'existe pas; c'est elle qui est le seul être, le *grand Être* auquel toutes les existences individuelles sont subordonnées. L'égoïsme en conséquence non seulement n'est plus la loi de notre nature, mais est le contraire même de cette loi qui apparaît comme une loi de renoncement et d'amour. L'amour, voilà le sentiment véritablement humain et moral, qui doit dès lors devenir le principe de la conduite. Seulement, pour arriver à cette conception qui anéantit l'individu dans l'espèce et l'homme dans l'humanité, n'est-il pas manifeste encore qu'il ne suffit même pas de dépasser les faits, mais qu'il faut aller contre le témoignage le plus immédiat de la conscience? La conscience pose d'abord et avant tout l'individu, et pour dépasser le point de vue de l'individualité il ne suffit pas de constater les faits, il faut les interpréter dans un certain sens, il faut par conséquent concevoir une idée de la nature humaine inspirée beaucoup moins par les données de l'expérience passée et présente que par une certaine hypothèse sur son évolution future.

En somme, la nature, qu'on la considère par

en bas dans ses modes inférieurs d'existence, ou
par en haut dans l'être qui paraît en occuper le
sommet, l'homme, et par delà l'homme, dans
l'humanité, ne nous présente que des faits et des
lois indifférents par eux-mêmes à toute classification morale. Si nous voulons choisir les uns ou
les autres pour en faire les modèles et les principes d'une pratique, ce ne peut être que pour des
raisons auxquelles la science elle-même, considérée
comme la simple expression de la nature, est
étrangère. La science nous dit que dans le monde
physique règne le mécanisme inflexible des causes
et des effets, que la loi des êtres vivants est une
loi égoïste de conservation, que la loi de l'être
social est une loi de sympathie et d'amour. Mais
elle ne peut pas nous dire que telle de ces lois est
meilleure moralement que telle autre, puisque
toutes sont également dans la nature. Elle ne peut
même pas nous enseigner laquelle est le mieux
appropriée à la nature de l'homme, car il faudrait
pour cela avoir démêlé dans l'homme ce qui est
sa vraie nature, c'est-à-dire avoir trouvé le sens,
la destination, la fin de son être, ce qui est manifestement hors de la portée du savoir positif. Tout
au plus peut-elle, en nous faisant connaître les
conditions réelles de la vie humaine, nous dire

quel est le mode d'action le plus propre à assurer la conservation et le développement de la vie. Elle peut nous dire, par exemple, en nous montrant les rapports qui existent entre le physique et le moral, que la condition de l'équilibre des facultés mentales et de la santé morale est l'équilibre des fonctions corporelles et la santé physique ; elle peut nous fournir ou nous indiquer les moyens d'atteindre l'une par l'autre. D'autre part, en nous montrant les relations qui existent entre l'homme et son milieu social, elle peut nous montrer, par exemple, que l'homme qui se dérobe à la contrainte sociale et vit en égoïste encourt le risque des sanctions sociales, les punitions ou tout au moins la mésestime de ses semblables, et qu'en somme il manque le bonheur qu'il croyait atteindre plus vite. La science peut ainsi nous donner une sorte de technique du bonheur, en même temps qu'elle nous fournit de plus en plus les moyens de faire servir à ce bonheur la nature elle-même. Mais elle ne peut dépasser cette fin, la seule qui se trouve en quelque manière enveloppée dans les faits. De plus, à l'égard de cette fin, elle peut nous donner des conseils d'habileté ou de prudence, mais non pas des ordres. Elle peut dire à l'homme : « Agis ainsi, si tu veux atteindre le bonheur qui est le vœu de la nature » ; elle ne peut pas lui dire absolument : « Fais ceci parce que c'est le bien, ne fais pas cela parce que c'est le mal ». Les notions de bien et de mal, pour la science, ne sauraient avoir d'autre sens que celui de bonheur et de malheur.

S'il en est ainsi, n'est-il pas visible que la science ne satisfait pas la conscience pour laquelle précisément ces notions ont un sens tout différent? Cette loi de prudence et d'habileté ou plutôt ce conseil d'hygiène qu'elle nous donne ne ressemble pas du tout à cette loi du devoir que la conscience pose comme absolument directrice de notre volonté. Qui oserait prétendre que l'idée du bonheur se confond avec l'idée du mérite et de la moralité? Or cette idée de la moralité, c'est-à-dire de l'excellence des actes en dehors de toute considération du bonheur apparaît comme la véritable idée directrice de la pratique. Et certes, cette idée, la science ne la nie pas; elle l'explique même; elle en fait l'histoire, en retrace la genèse, en poursuit l'évolution; elle nous montre que cette notion de bien et de mal n'est qu'une transformation ou peut-être une déformation de la notion d'intérêt. Mais par cela même, elle ruine sa vertu propre d'impératif; en nous montrant comment la mora-

lité est sortie de l'instinct, elle nous ramène à
l'instinct, et supprime du même coup la morale
qui est le contraire même de la vie selon le besoin.
Le droit, la justice, la charité ne sont plus choses
absolument respectables, du moment qu'elles se
résolvent en des nécessités, en des besoins individuels ou sociaux : ce sont des illusions, nées de
l'ignorance, dont la science nous montre la vanité
et même le danger. En somme la science ne peut
nous enseigner qu'une loi fondamentale : la vie
pour la vie; mais il s'agit de savoir si la vie a sa
fin en elle-même, et si, limitée à cette fin, elle conserve son prix. Quelque chose nous dit en nous-
mêmes que la vie doit servir à autre chose; la
conscience nous donne des raisons de vivre en
dehors de la vie elle-même, et il arrive que lorsque
ces raisons n'existent plus, lorsque la vie ne nous
paraît plus servir qu'à vivre, nous lui préférons la
mort.

L'impuissance de la science à fonder une morale
proprement dite vient de ce que son point de vue
est en quelque sorte inverse de celui de la morale
(É. Boutroux). La science étudie ce qui est, la
morale, ce qui doit être, ce qui est convenable ou
obligatoire. Et il paraît impossible de ramener
ceci à cela. D'autre part il paraît également impos-

sible de nier que quelque chose doit être. S'il est un
domaine d'où l'on ne puisse se résigner à
bannir tout idéal, c'est assurément le domaine de
l'action. L'idée du bonheur non seulement n'épuise
pas cet idéal, mais encore est d'un autre ordre. Ce
que nous concevons comme bon moralement,
comme devant régler notre conduite, n'est pas toujours ce que nous sentons nous être ou nous pouvoir être agréable ou profitable; et souvent le
devoir nous apparaît à l'opposé du bonheur.

Ainsi donc, dans la pratique comme dans la
théorie, la science ne satisfait pas pleinement tous
les besoins de l'homme : de même qu'elle ne nous
donne de l'univers qu'une explication symbolique
et toute relative, de même elle ne propose à notre
action qu'une fin relative, secondaire, et risque de
la détourner par là de sa fin véritable. Peut-être
faut-il chercher la même cause à cette double
erreur. C'est, nous l'avons vu, faute d'accorder
toute son importance au fait de la conscience et
de la pensée que la science est nécessairement
bornée dans sa théorie de la nature; peut-être est-
ce faute aussi d'accorder une attention suffisante
à cette donnée de la conscience, le devoir, qu'elle
est de même bornée dans sa théorie de l'action.
Or il est manifeste que cette idée d'un devoir

change du tout au tout l'orientation de la conduite.
L'être qui affirme que quelque chose doit être, et
doit être par lui, par un acte libre de sa volonté,
conçoit par delà l'ordre réel des faits un ordre
idéal qu'il considère comme la vraie patrie de sa
conscience, et dès lors tout son effort tend à réaliser,
par delà le règne de la nature, le règne de cet idéal
qui est la moralité. Un tel être ne saurait désormais se contenter de vivre, ou plutôt la vie n'est
plus pour lui séparable de cette fin idéale ; la moralité devient sa vraie raison de vivre et le devoir
sa vie véritable. De deux choses l'une : ou il faut
rejeter de la vie ce sentiment de l'idéal, et avec lui
les notions de droit, de justice, les sentiments de
charité, d'abnégation qui s'y rattachent ; ou bien, si
on admet ces notions et ces sentiments, il faut
reconnaître que la science est impuissante à leur
donner un sens, et plus encore à en donner la formule.

*
* *

Que conclure, sinon que c'est encore à la conscience qu'il faudra nous adresser pour trouver la
véritable signification des notions morales, pour
entrer dans ce monde idéal de la moralité? Nous

avons reconnu que la conscience nous donne avec
une véritable infaillibilité le sentiment de l'être.
Non moins infaillible et absolu est le sentiment du
devoir. Avec lui nous dépassons le monde de la
nécessité naturelle pour entrer dans le monde
singulièrement plus réel de la liberté et de la
raison. C'est de ce sentiment que doit partir toute
science de la conduite. La conscience, voilà donc
le point de départ de la morale au même titre que
le point de départ de la métaphysique. Qu'est
cette science de la conduite? Quelle formule
donne-t-elle à la loi du devoir? Quels sont les
préceptes auxquels elle aboutit? Ce n'est pas ici
le lieu de le préciser. Il suffirait en somme d'avoir
montré que cette science ne se confond pas avec
la science positive, qu'elle a d'autres principes;
toutefois il n'est pas impossible ni inopportun
d'indiquer en quelques mots comment elle peut et
doit se constituer.

Tout d'abord, il est une vérité que nous recon-
naîtrons volontiers, c'est que la science positive,
si elle ne nous donne pas le vrai sens de la vie,
ni le vrai principe de la conduite, pose néanmoins
à toute théorie de la conduite et de la vie certaines
limites que celle-ci ne saurait dépasser. Les vérités scientifiques ont ici un rôle négatif et limitatif

qu'on ne saurait sans imprudence méconnaître. Le
monde de la nature avec ses lois, la société avec ses
conditions, telles que la science nous les révèle, sont
le cadre nécessaire, défini, dans les limites duquel
notre action doit s'exercer. Rien sans doute ne
nous interdit de chercher ailleurs la fin de cette
action, mais à condition toutefois que nous ne
commencions pas par mettre cette fin en contradiction avec les seuls moyens dont nous disposions
pour l'atteindre. Le mot de Pascal reste éternellement vrai : « Qui veut faire l'ange, fait la bête ».
Nous estimons donc que le premier article du
credo moral doit être le respect absolu de la vérité
démontrée par la science. La paix avec nous-
mêmes est à ce prix; il nous est impossible de
pactiser avec l'absurde une fois démontré, reconnu
comme tel. Cette première réflexion a pour effet
de nous garantir contre les excès d'un mysticisme
sans frein et sans contrôle.

Mais ce n'est là qu'une condition négative : il
ne suffit pas de limiter la sphère de l'action morale,
il faut préciser la fin même de cette action. Or
c'est à la conscience dans laquelle nous trouvons
l'idée même de cette fin, la notion d'un idéal
moral, qu'il faut demander de préciser cette fin et
cet idéal. La conscience, sous la forme intuitive

du sentiment, a des clartés que n'ont ni les sens ni l'entendement lui-même. Le sentiment, comme il a une sorte d'infaillibilité métaphysique, a une autorité morale incomparable. Si, mieux que la science, il nous permet de voir derrière le monde des apparences le monde des vraies réalités, sans doute encore il pourra beaucoup mieux qu'elle nous renseigner sur ce qui *doit* être. Le sentiment, que la science bannit avec raison de l'explication positive, retrouve toute sa place dans l'ordre des choses morales ; ses droits commencent là où expirent ceux de l'expérience sensible et du raisonnement. Le problème consiste donc à trouver dans l'ordre du sentiment des indications précises relativement à ce que nous devons faire. La difficulté dès lors est manifestement celle-ci : le sentiment peut-il nous donner une vérité morale ? N'est-il pas ce qu'il y a en nous de plus particulier, de plus individuel, de plus capricieux aussi, de plus sujet au changement et à la contradiction ? Nous abandonner à ses suggestions n'est-ce pas risquer de trouver autant de vérités morales que d'individus, et de donner ainsi raison aux sceptiques ?

Et pourtant il semble bien qu'il y ait dans le cœur de l'homme au moins un sentiment sur

lequel tous puissent tomber d'accord, c'est la
bonté, la sympathie. Ce sentiment n'a rien d'ex-
ceptionnel ni d'aristocratique : le plus humble
des hommes peut être aussi riche en pitié et
en abnégation que le plus puissant et le plus
cultivé.

L'égoïste le plus endurci n'en est pas exempt, et
s'il se reconnaît incapable de pratiquer lui-même
le sacrifice, du moins peut-il difficilement s'empê-
cher de l'admirer chez les autres? Les moralistes
de l'intérêt eux-mêmes ont reconnu la supériorité
morale de la sympathie, et ils se sont tous efforcés
de la justifier de leur point de vue. Ne trouvons-
nous pas l'amour à la source de toutes les bonnes
actions et de tous les héroïsmes? Est-il une reli-
gion qui compte autant de martyrs que cette reli-
gion de la bonté? Il n'est pas de jour où ne
s'accomplisse, obscur ou célèbre, quelque acte de
sublime dévouement. L'amour de la science lui-
même n'accomplit pas de plus grands prodiges
que lorsqu'il est échauffé, soutenu par l'amour de
l'humanité. Ce sentiment est donc de tous celui
qui trouve toujours et partout la plus spontanée
connivence de tous les cœurs, le plus complet
assentiment de toutes les volontés. Il est véritablement l'expression la plus unanime et la plus

haute de l'humanité sentante. N'est-il pas alors
surprenant que les hommes n'en aient pas vu du
premier coup la haute signification morale et la
souveraine richesse? Le devoir que nous cherchons
loin de nous est là, tout près de nous, en nous; il
est dans la bienveillance, dan. l'amour, dans la
charité universelle, dans le sacrifice à tous les
moments et à tous les degrés. Le devoir nous est
ainsi dicté par notre nature même qui nous a
ainsi disposés les uns pour les autres que pas un
de nous ne saurait comprendre sa vie autrement
que comme suspendue à d'autres vies que la
sienne. Là où est la bonté, là est la vérité
morale.

Là où est l'égoïsme, là est l'illusion et l'erreur.
Il se trompe celui qui se prend lui-même pour fin,
car il sert un maître impérieux, difficile, ingrat et
toujours mécontent. Mais il ne se trompe pas celui
qui, se dévouant aux autres, crée le bonheur
autour de lui et la paix en lui-même; il a non seulement sa propre approbation, non seulement
l'assentiment de tous, mais encore la complicité
de la nature elle-même. Il imite en effet dans son
action consciente et réfléchie l'universelle conspi-
ration des choses et des êtres vers l'ordre, vers
l'harmonie, vers l'union. En se dépassant lui-

même pour se répandre hors de lui, il poursuit
à travers sa fragile individualité la haute destinée
de sa volonté morale qui est d'être non pour
soi, mais pour tous et par tous. Et ainsi son
effort, concerté avec la nature entière, non seulement ne rencontre ni dans la nature ni dans la
raison aucun démenti, mais trouve au contraire
dans l'une et dans l'autre le plus précieux encou-
ragement. Recueillir en soi l'âme de bonté éparse
dans les choses pour la répandre autour de soi
sous la forme de la fraternité et de l'amour, quelle
plus haute fonction pour l'homme, et quelle loi
moins sujette à dispute? Et ainsi, à la lumière de
la conscience, à la clarté du sentiment, la nature
peut vraiment nous donner des leçons morales
de solidarité et de dévouement. Mais pour en
deviner le sens et les bien comprendre il fallait
voir dans les choses autre chose que l'impassible
déroulement de causes et d'effets que la science
nous découvre; il fallait, avec les yeux de l'âme,
apercevoir l'âme qui les pénètre, et sentir en soi-
même le souffle qui les anime.

Telle est, semble-t-il, la voie vraiment féconde
dans laquelle l'homme doit chercher la loi de ses
actes. On objectera que de telles maximes ne
sont pas nouvelles et que le monde en a retenti

depuis des siècles. Ce qui est vrai c'est que le monde a surtout retenti des querelles qui se sont soulevées en leur nom. Or si des maximes de concorde ont pu produire la haine, c'est qu'en conservant leur formule elles avaient perdu leur esprit et leur sens. Il s'agit de restituer à ces formules vides de charité et de fraternité le souffle de vie morale qu'elles n'ont plus. Cette vie doit leur venir de nous-mêmes, du sentiment profond de l'égalité des personnes, non pas d'une égalité problématique aux yeux de la science, mais de l'égalité certaine devant la vertu et le devoir. Il faut que la cité morale n'ait point de proscrits ni d'exilés, que la paix soit non seulement aux hommes de bonne volonté, mais à tous les hommes, par les hommes de bonne volonté. Nous sommes en face de l'idéale justice comme des aveugles devant le soleil. Si leurs yeux ne sont point inondés de sa clarté, leurs membres néanmoins sont pénétrés de sa chaleur bienfaisante. De même, la science a beau, dans l'impassibilité de ses formules, ramener le spectacle des choses au jeu grandiose et brutal de quelques lois naturelles, au rayon de charité qui échauffe nos âmes nous sentons que la justice existe. Dès lors nous n'avons plus qu'à rassembler, d'où qu'ils viennent, ces rayons épars, à remonter jusqu'au foyer d'où ils émanent et à faire rayonner au-dessus du monde obscur de la force et de l'inerte matière l'idéale splendeur du droit.

FIN

TABLE DES MATIÈRES

741-03. — Coulommiers. Imp. PAUL BRODARD. — 9-03.

L'Inde d'aujourd'hui, par ALBERT MÉTIN.

1 vol. in-18 jésus, broché. . . . . 3 fr. 50

M. Albert Métin, qui a récemment visité l'Inde, a voulu combiner les conclusions générales tirées de l'étude des documents et les impressions personnelles du voyageur qui peuvent seules leur donner la vie et la couleur. Il a cherché surtout à expliquer les conditions de la vie sociale, au sens le plus large du mot.

Après avoir étudié le sentiment religieux indou, le passé et le présent de l'Islam aux Indes, il expose la situation des principautés indigènes, l'esprit et les procédés de l'administration anglaise, ainsi que le mouvement d'opposition né de la formation d'un prolétariat intellectuel indigène.

Il traite ensuite de la culture indienne et de ses charges, et aborde le problème si souvent discuté : l'Angleterre épuise-t-elle l'Inde? Enfin il étudie les conditions de l'ancienne et de la nouvelle industrie.

Un index très soigneusement établi ajoute beaucoup à l'utilité de ce remarquable ouvrage.

Le Japon politique, économique et social,

par HENRY DUMOLARD. 1 vol. in-18 jésus, broché. 4 fr.

« Ce livre, dit la préface, n'est point un recueil d'impressions de touriste. Ayant passé plus de trois ans à parcourir le Japon en tous sens, à partager l'existence intime de son peuple, à étudier les manifestations de sa vie sociale », l'auteur a voulu nous décrire « non le classique Japon des estampes et des bibelots, des maisons de thé, des fleurs ou des mousmés, mais le puissant Empire de 45 millions d'hommes, avec son armée dont on sait la valeur, sa flotte, ses usines, ses universités, son parlement, ses journaux, etc... »

D'autres, avant M. Dumolard, avaient ébauché cette entreprise. Personne ne semble l'avoir réalisée aussi complètement. Personne surtout ne semble y avoir apporté un esprit plus dégagé d'admirations convenues ou de dénigrements systématiques. Ceci est proprement un tableau complet et impartial du Japon dans sa vie passée et présente. »

(*La Revue de Paris.*)

N° 618.

Hambourg et l'Allemagne contemporaine, par M. Paul de Rousiers. 1 vol. in-18 jésus, broché. . . . . 3 fr. 50

« M. de Rousiers a essayé d'étudier objectivement l'Allemagne contemporaine en faisant abstraction le plus possible de sa qualité de Français; il a eu plus de confiance dans l'éloquence des chiffres et des faits que dans celle des mots; bref, il a prétendu faire une enquête scientifique et non rédiger un appel patriotique, et, bien qu'elle ne soit exprimée ou étalée nulle part, la leçon qui se dégage de son livre pour nos industriels et nos commerçants n'en est que plus forte.

« Son livre se distingue par des qualités de méthode et aussi par une abondance réelle de documentation. C'est à l'heure actuelle notre meilleure source de renseignements sur la puissance économique de l'Allemagne moderne. »

(Notes critiques).

L'Impérialisme allemand, par M. Maurice Lair, 1 vol. in-18 jésus, broché. . . . . . . 3 fr. 50

Ouvrage couronné par l'Académie française

La politique « mondiale », dont retentissent les journaux et les tribunes parlementaires, le sentiment « impérialiste » que l'on se plaît trop volontiers à croire l'apanage du peuple anglais, c'est peut-être à l'Allemagne que le monde doit de les avoir vus naître et se développer sous la double forme de « l'industrialisme » et de la « paix armée ». L'auteur de ce remarquable ouvrage a su mettre en vive lumière l'évolution morale qui, depuis 1870, a si profondément modifié le génie de la nation allemande; il nous montre comment cette nation résignée naguères à recevoir l'impulsion du dehors, a puisé dans ses victoires militaires la confiance en elle-même et l'orgueil de sa supériorité; comment au lendemain de ses triomphes, elle a revendiqué la première place entre les grandes puissances; quels moyens elle a employés pour l'obtenir et pour la conserver.

N° 422.

Librairie Armand Colin, 5, rue de Mézières, Paris.

Atlas

des

Colonies Françaises

Dressé par ordre du Ministère des Colonies

par PAUL PELET

27 cartes et 50 cartons en 8 couleurs avec un Texte explicatif et un Index alphabétique de 34 000 noms.

Un volume in-4° colombier (62×42), relié toile, prix *net.* 30 fr.

Liste des cartes contenues dans l'Atlas :

1. Planisphère. Colonies françaises.
2. Afrique française.
3. Algérie. I. Province d'Oran.
4. — II. Province d'Alger.
5. — III. Province de Constantine.
6. Tunisie.
7. Sahara algérien et tunisien.
8. Bas-Sénégal.
9. Afrique occidentale :
    I. Sénégal.
10. II. Guinée française et Côte d'Ivoire.
11. III. Dahomey.
12. Congo (*feuille Sud*).
13. — (*feuille Nord*) Haut-Oubangui et Chari.
14. Côte française des Somali et dépendances.
15. Madagascar. I. Comores.
16. — II.
17. — III. Réunion.
18. — Partie centrale (*feuille Nord*).
19. — (*feuille Sud*).
20. Indo-Chine française (*feuille Nord*)
21. (*feuille Sud*).
22. Tonkin : le Delta.
23. Inde, Guyane.
24. Guadeloupe, Martinique.
25. Nouvelle-Calédonie.
26. Polynésie.
27. Points d'appui de la flotte.

Les Cartes de l'*Atlas des colonies françaises* peuvent être vendues séparément.

Prix de chaque carte (n°° 1 à 26) . . . . 1 fr. 25
    Prix de la carte n° 27 . . . . 60 cent.

N° 616.

www.ingramcontent.com/pod-product-compliance
Lightning Source LLC
Chambersburg PA
CBHW070618100426
42744CB00006B/532